医者が教えるHSP対策

繊細な人が快適に暮らすための習慣

精神科医
西脇俊二
Shunji Nishiwaki

KADOKAWA

はじめに

こんにちは。精神科医の西脇俊二です。

この本を手に取ったあなたは、「繊細な心」でどう生きていくかについて、何らかのヒントを探しておられるのでしょう。

物事を感じやすく、ときに生きづらさを覚える人が「ＨＳＰ（Highly Sensitive Person）」と呼ばれていることも、すでにご存じだと思います。

このワードは近年非常に注目されていて、私のクリニックにも「ＨＳＰかもしれません」と相談に来られる方が増えています。

一方、「ＨＳＰ」は心理学用語であり、精神科とは別分野の概念です。

精神科医はメンタルの病気や障害に対して治療やケアを行いますが、ＨＳＰは病気や障害ではないため、医学的な対処法は、原則的にはありません。

しかし実際に、繊細さに苦しんでいる方々は多くおられます。そうした方々と接しながら、私は「何かできることはないか」と長らく考えてきました。

繊細な方々の「悩みどころ」は千差万別です。

音に敏感に反応する、服の肌触りが気になる、人混みで疲れる、人の表情が気になる、他人事であるはずなのに感情が揺れ動く、といった特徴は多くの方々に共通しますが、細かい部分では一人ひとり、大きく違います。

同じく千差万別なのが、私の専門分野である自閉症スペクトラム等の発達障害のある人たちです。その感じ方はさらに特徴的で、傍目には不可解と映ることも。そのため日常生活に支障をきたすことも多々あります。

ちなみに私自身も、発達障害のひとつであるアスペルガー症候群です。大きな音や騒がしい場所には強い苦痛を感じます。威圧感のある人や大きな物音を立てる人も少々苦手で、人間関係や仕事で苦労したこともしばしばでした。

そうした私自身や患者さんたち、繊細すぎるという悩みを抱えてクリニックに来られる方々と向き合う中で、私は、ひとつの見解に達しました。

「精神科医としての知見は、ＨＳＰの方々にも有効である」

と、考えているのです。


繊細な方々は、人一倍不安を感じやすい傾向があります。ほかの人が軽く受け流せることを強く受け止め、ダメージを受け、動揺するからです。

その動揺は、私がこれまで臨床で実践してきた手法を応用すると、大幅に軽減できます。繊細な心はそのままに、不安や苦痛を和らげることができるのです。


その方法を、この本で紹介しましょう。

それらはいずれも、いくつかの「習慣」をベースとしたものです。

習慣とはご存じの通り、根付くのに時間がかかります。登場するノウハウの中には即効性の高いものもありますが、多くは「コツコツと続けるうちに効き目が出てくる」類いのものです。

しかしこうした地道なアプローチのほうが、成果ははるかに大きいのです。

当座の動揺を鎮《しず》める「その場しのぎ」とは別、と言ってよいでしょう。

ひとつの習慣が身に付くと、別種の困りごとが同時に、連鎖的に解決されていきます。習慣が2つ、3つと増えていけば、さらに相乗効果は高まります。

すると24時間365日のうち、平常心でいられる時間が増えます。

それはいずれ、生き方の変化につながっていくでしょう。

繊細な方々は、「引っ込み思案」であることもしばしばで、それゆえに、これまで多くのチャンスを棒に振ってきたはず。そこから一歩踏み出すことで、より自分らしく、充実した人生を送れる可能性も広がるのです。

その扉を、ぜひ開いていただきたいと思います。

工夫と習慣を通して、心穏やかに、かつ豊かに……。

皆さんの日々が快適になり、その先に多くの実りがもたらされてゆくことを、願ってやみません。

2020年9月

ハタイクリニック院長　精神科医　西脇俊二

編集協力	林 加愛
ブックデザイン	西垂水敦・市川さつき（krran）
イラスト	松岡マサタカ
校正	（有）あかえんぴつ

繊細な人が快適に暮らすための習慣

——

目次

Contents

はじめに　003

第1章
細かいことが気にならなくなる習慣

繊細な人たちは、何を感じ取っているのか　018
「なおらない」前提で、あなたは満足ですか？　021
敏感さは、ストレスによって上下する　024
人間は、生まれたときからストレスフル　027
なぜ、細かいことが気になってしまうのか　029
有効な優先順位のつけかた――TODOリストの習慣　032
「段取り苦手」と「緊張」をゆるめるコツ　036

スモールステップを基本にしよう 039
敏感な人には「必要なムダ」がある 041
片付けは「目に見える範囲だけ」でいい 045
外を歩くときの防御グッズ 047
自分のタイプを探ってみよう 051
タイプ別・嫌なものを「捨てる」方法 052
ストレスを減らす食生活のススメ 055

第2章

人付き合いの疲れを軽減する習慣

「優しさ」と「考えすぎ」が入り交じる!? 060

Contents

「他人事」なのに気になる理由 063
「自分以外の全員」に気を使っていないか 066
物事の捉え方を変える「認知の変容」 069
「AIになったつもり」で楽になる！ 073
他人に期待するのをやめる 076
期待を捨てると、前向きになれる!? 079
「相手の自己重要感」を満たそう 083
相手を知るのに役立つ「人間の3タイプ」 086
3タイプの見分け方 089
3タイプの自己重要感を満たすには 091
会話の緊張を減らす「3カメ」の練習 094
大人の駄々っ子、愚痴魔……「困った人」の対処法 098
「相談したいけどできない」理由とは 102

たくさんの人と付き合おうと思わない　106
効果てきめん！　リラックス体操　108

第3章 自分に厳しいのをゆるめる習慣

自分へのダメ出しをやめる簡単な方法　112
グレーゾーンを受け容れる訓練　116
「複利計算」で頑張らずに前進！　119
究極の質問「自分の子供に、同じことをさせますか？」　122
「ハッピーの五段階評価」をつけよう　126

Contents

「人付き合い改革」で生活改善 130
グッド&ニューを見つけよう 133
タイマーで集中力をコントロール 136
「始めるのが苦手」を解決する方法 140
「無心」で脳を休ませよう 143
掃除嫌いのＨＳＰはきれい好き!? 146
「あまのじゃく反応」にはワケがある 148
繊細で敏感でも成功できる 150
「第二領域」を意識すれば人生が豊かになる 154
「学習・健康・人とのつながり」がキーワード 157
運動習慣でクヨクヨを一掃する 160
「第二領域×五段階評価」でメンテナンス 163

第4章

あなたの繊細さを活かす習慣

「周りと違う」は長所になる　168
あなたが今、一番時間を費やしていることは何ですか？　171
心の焦点を内向きから外向きに変える　175
環境を整えてさらにパワーアップ　178
嫌なことがあっても「上機嫌」でいる　181
あふれる情報と、どう向き合う？　185
漠然とした不安への向き合い方　187
危機管理能力はこの時代に強い　190

Contents

ＨＳＰの人々が向いている職業は？ 192
仕事は「何をして働くか」より「誰と働くか」 194
巻末コラム　ＨＳＰのお悩み相談室 197
おわりに 205

第1章

細かいことが気にならなくなる習慣

繊細な人たちは、何を感じ取っているのか

生まれつき繊細な気質を持つ人が、5人に1人の割合で存在する――。

そう提唱したのは、アメリカの心理学者エレイン・アーロン博士です。

アーロン博士はその人々を、HSP（Highly Sensitive Person）という名称で言い表しました。

直訳すると「とても感じやすい人」ですが、その人物像にはもう少し奥行きがあります。他者への優しさ、内省的な思慮深さ、俗っぽいことに近寄らない気高さ、といった美点を持つ一方、消極性や傷つきやすさなどの弱点も。

ほかにも多くの特徴が互いに作用して、複雑な相乗関係をつくりだしています。

それらをまとめたものが「DOES《ダズ》」という指標。HSPの特性とされる四要素の

頭文字を取ったものです。以下、その四特性を紹介しましょう。

① Depth of processing（思考の複雑さ・思慮深さ）

想像力が豊か。ひとつのことを熱心に研究するのも得意。

内省的・思索的な傾向が強く、表面的な世間話などは不得意。

行動に移すまでに考える時間が長く、引っ込み思案な面も。

② Overstimulation（神経の興奮しやすさ）

人の感情、その場の雰囲気や、エピソードの一つひとつを人一倍強く感じる。

恐怖感を覚えやすく、他者の不機嫌さなど小さなことに緊張して疲れる。

楽しいことも疲労につながる。

「友達との会食のあと、なぜか疲労困憊」などが典型例。結果、気づかぬ間にダメージを蓄積させていることがある。

③ Emotional reactivity and high Empathy（感情移入と共感性）

本や映画のストーリー、芸術作品や風景などに深く感動する。人の思いに細かく気を配り、ときに気を使いすぎて疲労する。友人の相談に乗って自分まで涙する、同僚が叱られているそばで本人よりダメージを受けるなど、他者の経験を自分のことのように感じる。

④ Sensitivity to subtle stimuli（五感の鋭敏さ）

人混みや散らかった空間など、視覚情報が多すぎると疲れる。突然の大きい音、複数の音が混じった状態も苦手。冷蔵庫の音や時計の音が気になる人も。布地のチクチク感・強い匂い・カフェイン刺激・食品添加物などの刺激も受けやすい。総じて感受性が鋭いため、芸術を深く味わえるプラス面も。

——いかがでしたか？

「私そのもの」「この部分は違うな」とさまざまな感想を持たれたことと思いますが、

いずれの方々も、感動とダメージの双方を毎日受け取るという「素晴らしくて大変」な人生を送っていることは間違いないでしょう。

「なおらない」前提で、あなたは満足ですか？

「この性分、なんとかならないのかしら？」

敏感な方々は、これまで何度もそう思ったことがあるでしょう。

その求めに対し、世の中の答えはというと……

「なんともなりません」と答える向きが多数派です。

そんなに冷たい言い方はしないまでも、その敏感さは生まれつきの個性であり、なおる類いのものではないし、なおすべきでもない、というわけです。

この前提、「身も蓋《ふた》もない」と感じるのは私だけでしょうか？

この「宣告」には多くの場合、以下のようなフォローがついてきます。

「その気質でこの世を生きるのは大変だけれど、それもあなたならではの、素晴らしい人生なのです」

これはある意味、甘美な指摘です。

粗雑な外界に傷つけられる、繊細な人。悲劇的で美しい構図です。当人にとって、ひととき慰められる話にはなるでしょう。

私自身、敏感な性質を持っていますし、敏感な方々の苦しむ現状を数多く目にしてきましたから、この構図が現実に生じることは決して否定しません。

しかし、そこにとどまると「解決」につながりづらい、とも思います。

「なおらない前提」に立った場合、対処法はひたすら自衛に向かいます。

無数のノイズをどうシャットアウトするか。

人の言動に傷つけられないよう、どう自分を守るか。

外から帰ってきたら、自分をどういたわるか……。

——いずれも、守りの対処です。

これから私がお話しするノウハウにも、守りの要素はふんだんに盛り込まれています。しかし1つだけ、大きな相違点があります。

私は、敏感さを「なんともならない」とは捉えていません。

もちろん感じやすい心を感じなくすることは無理な話ですし、本人が望むところでもないでしょう。

しかし、繊細さゆえに生じる「苦痛」を軽減させることなら、決して不可能ではない、と私は考えます。

この新しい前提に立つと、苦痛が発生しそうな場所・場面・人物をひたすら避けて通るのみの対処から、一歩踏み出すことができます。そうした場面や人と少々関わっても、無傷に近い状態で帰ってくることができるのです。

「素晴らしくて大変」な人生を、「大変だけど素晴らしい」でとどめてしまうのはもったいない話です。

ありのままの姿で、大変さを越えていく選択を視野に入れましょう。

それはきっと、今までとは違う人生の出発点になるはずです。

敏感さは、ストレスによって上下する

人によって、敏感さの度合いや、気になるポイントは違います。

対して、一人の人の敏感さは、一定で不変なのでしょうか？

その答えもＮＯです。ある音がやたらと神経に障る日もあれば、「意外と平気」と感じる日もあるものです。きっと皆さんにも覚えがあるでしょう。

では、どんなときに過敏になり、どんなときに平静でいられるのでしょうか。
その最大のキーワードが、ストレスです。
ストレス値が高いと五感はピリピリと緊張し、ストレス値が低いと、刺激に対する耐性は高まります。これはHSPの自覚がある方々に限らず、どんな人にも共通する法則です。

この法則がもっとも極端な形で表れるのは、私の専門分野である自閉症の子供たちです。これまで私は数多くの自閉症の患者さんを診てきましたが、彼らの特徴的な行動は、ストレスの高低と非常に強い相関があります。

たとえば、「つま先立ち」。自閉症の子供はしばしば、バレリーナのようにつま先で歩く習性があります。理由は、足の裏が敏感すぎるから。足の裏を地面に着けるのが苦痛すぎて、かかとを上げずにいられないのです。

この理由が明らかになるまでは、アキレス腱の短縮手術や、浮いたかかとをポックリ靴のようなもので支えるなど、的外れな対処が多々行われてきましたが、現在は理解がかなり進んでいます。

今、自閉症対応の現場では「TEACCH《ティーチ》プログラム」という療育方法が実践されることがあります。彼らの感覚にフィットする環境を整えつつ、意思をスムーズに示す訓練を進めていく手法です。

このプログラムを通してストレスが取り除かれると、つま先立ちをしていた子供たちも、足の裏をしっかり地面に着けて歩くようになります。

偏食も軽減されます。自閉症の子供は「ひとつの食品しか食べない」などの極端な嗜好を持つことがありますが、これは味覚・嗅覚・触覚の過敏さから来るもの。味がダメ・匂いがダメ・食感がダメ、と感じて、食べられるものが極端に少なくなるのです。しかしストレスが減って心が落ち着いてくると、その過敏さが収まります。

聴覚と視覚も同様です。まぶしい光、掃除機の音、圧力釜の音、ときには「裸電球の音」を気にする子もいますが、それらも総じて平穏化します。

ストレスを減らせば、過敏さは収まる――繰り返しますが、これは「どんな人にも」共通する法則です。

HSPの方々が「大変さ」を乗り越えていく鍵もここにあります。

ストレスを抑えて、刺激に負けない心を整える。これが大原則です。

人間は、生まれたときからストレスフル

「ストレスが溜まるから、過敏になるの？」

「いやいや、過敏だからストレスが溜まるのではないの？」

……と、混乱している方もおられるでしょう。確かに「卵と鶏」のような関係ではありますが、私は「ストレスが先」だと考えています。

なぜなら、人は生まれた瞬間にこそ、とてつもないストレスにさらされるからです。平穏な胎内生活が突如として終わり、狭い産道へと滑り落ちて全身が圧迫される——この記憶がある人はまずいないでしょうが、恐ろしい経験であることは間違いありません。

生まれたら生まれたで、突然のまぶしい光、羊水に漂っていたときとはまるで違う触覚刺激と肌寒さにさらされます。呼吸の方法まで勝手が違い、これまたかなりハードです。

人生のスタートから序盤は、こうしたストレスの連続。その影響を受けやすい人、すなわちＨＳＰの方々の敏感さは、ここから始まっています。

そこから先は、「敏感だからストレスフル」「ストレスでますます敏感に」の無限ループ。これを食い止めることが必要です。

敏感な人が受けるストレスは無数にあります。五感への刺激、周囲の人の表情や反応、他者の言動、芸術やフィクションの内容など。

その中で、明らかに「ないほうがいいストレス」は何でしょうか。

芸術に感動したり、人に共感したりすることは、（ときに疲れるとはいえ）心潤う機会でもあるでしょう。

一方で、冷静さや判断力が必要な場面では、感じやすさが「困りごと」になりそうです。

なぜ、細かいことが気になってしまうのか

その典型例は、やはり仕事に向かうときでしょう。

手を付けようとしても、何から始めていいのかわからない。

デスク上の散らかりや、周囲の話し声などが気になってしまう。

ひとつの作業を始めても、「あちらの作業もやらないと」と感じてしまう。作業に集中したらしたで、細部まで整えずにいられれず時間がかかる……。

この調子では、仕事が終わったときには疲労困憊です。仕事以外にも、家事や、学生さんなら勉強でも、きっと同じ疲れを感じていることでしょう。

細かいことが気になる性質を抱えていると、周囲からしょっちゅう、このセリフを言われるに違いありません。

「そんなことといちいち気にしていたらキリがないよ」

そのたび、敏感な人は内心こうつぶやくでしょう。

「だって気になってしまう性質なんだもの」

「無理やり気にしないようにするのもストレスだし……」

「これってどうしようもないことなのでは？」と。

しかし、そう考えるのはまだ早い。解決策は、ちゃんとあります。

必要なのは、性質を変えることではありません。細かいことが気になる「理由」を知って、その対策を打つことです。

では、その理由とは何か。一言で言えば、優先順位をつけるのが苦手なせいです。

人の脳は、絶えずさまざまな情報を受け取りながら、「大事なこと」「そうでもないこと」を選別しています。

ところが敏感すぎる人の場合、すべてが大きなボリュームで飛び込んでくるので、何が大事でないのかがわかりづらいのです。

しかしそれは「わかりづらい」だけであって、「わからない」ではありません。

急ぎの書類を作成するのと、ノートに貼られたままの値札シールをはがすのと、どちらが大事か……わかりますよね？

「いいえ、私は値札シールも気になります」と思われたかもしれませんが、「気になる」と「わからない」は違います。どちらも気になる一方で、「値札シールなんて、本当は小さなことなのに」という認識も、同時に働いているはずです。

その認識を「鍛える」習慣をつけましょう。

習慣がつけば、小さなことが気になるクセは、どんどん和らぎます。一朝一夕に身に付くものではありませんが、続ければ必ず変わります。コツコツとレッスンして、無数の気がかりをスッキリ一掃しましょう。

有効な優先順位のつけかた――ＴＯＤＯリストの習慣

最初の習慣は、「ＴＯＤＯリスト」を毎日書くことです。
と言っても、自己流ではいけません。これは「優先順位をつける練習」であり、「大事か否かを見分けやすくする練習」です。
ですからレッスンとして役立つように、いくつかのルールが設けられています。

1つ目のルールは、起きてすぐに書くこと。活動を始めてしまうと、五感が新しい情報を受け取りすぎてしまうからです。

「寒～い」「なかなか水がお湯にならない」「顔がむくんでる」「そうだ、テレビつけよう」「まあ、こんな事件が」……などと感じているうちに、敏感な脳は情報に流され、落ち着いてリストをつくれるモードではなくなってしまいます。

だから、理想のタイミングは、朝一番にトイレに行った直後。洗顔よりも前のほうが良いでしょう。

2つ目のルールは、時間をかけないこと。慣れない間は30分かけても構いませんが、できれば15分で済ませたいところです。

家事や身支度の開始時間を定めておき、その15～30分前に起きれば、デッドラインが決まっているので「素早く終わらせよう」と意識しやすくなります。


そして、一番大切なのが3つ目のルール。

リストの用事を5つに絞りましょう。


「それは無理！　あれもこれもしなくてはいけないのに」と思いましたか？


それは、「スケジュール」と「TODO」を一緒に考えているからかもしれません。

スケジュールは、やるべき時間や締め切りがはっきり決まっている用事のこと。

仕事をしている人なら、通勤・商談・書類づくりなど。

家事の場合なら、子供の送り迎え・洗濯・ご飯の用意など。

これらはすでにルーティンになっていたり、手帳に書いたりしてあるはずなので、書き出す必要はありません。


TODOは、スケジュールの「合間」に行う用事です。「○○さんに返信する」「○

○の人数の確認」「荷物の発送」など。これなら、そう多くは出ません。
それでも5つは無理だと感じるなら……だからこその「練習」です。

最初は思いつく限り書き出してもいいですが、そこからできる限り絞りましょう。
それが、大事か否かを認識するトレーニングになります。

「これ、今日やらなくてはいけないこと？」
「そもそも、どうしてもやらなくてはいけないこと？」

そうやってチェックしながら、上位5番までを決定。ランクづけする作業を通して、大小を見極める感覚を鍛えましょう。

6番以下は除外してもそれほど困らない、ということもだんだんわかってくるはず。その実感を通して、小さいことを小さいこととして「気にしない」力がつくのです。

「段取り苦手」と「緊張」をゆるめるコツ

TODOリストの習慣で、一日の仕事の「優先順位力」は着実にアップします。

一方、一つひとつの用事を行うときも、優先順位力が必要です。

敏感な人はしばしば、ここでも迷路に入ります。

たとえば企画書を書くとき。「まず骨子を決めたほうがいいのはわかっているのに、文字のフォントや置き方のデザインを工夫してしまう」といったケース。

家でも、来客の前に「玄関がキレイかどうかチェックしなきゃ」と思いながら、絶対に見られるはずのないキッチンの壁の油ハネを一生懸命拭いてしまったり。

これらの原因は「完璧主義」です。タスクを構成するすべての部分が大事に見えて、細部まで手をかけずにいられないのです。

しかし、完璧主義は、必ずしも「完璧に仕上がる」ことにはつながりません。

細部に凝りすぎて肝心な部分が抜けた、時間がかかって期限を守れなかった、などの失敗も起こりえます。

対策は「ＴＯＤＯリスト」とは逆。今度は細かく段取りを書くのが有効です。「細部に凝りすぎるのが問題なのに、細かく書いて大丈夫？」という心配はご無用。書くことで、「必要な細部」と「不必要な細部」を選別できるからです。

この練習のベースになっているのは、発達障害の子供たちに行う「課題分析」というアプローチです。ひとつの作業の手順を、限りなく細分化するという方法です。

たとえば「冷蔵庫から麦茶を持ってきて」ではなく、「冷蔵庫の前に行く」「冷蔵庫のとびらの取手を持つ」「前に引く」……と、細かくガイドするのです。

これを参考に、作業着手前に5分間、手順シナリオをつくってみましょう。

たとえば企画書を書く際のシナリオなら、企画書作成に必要な作業を一つひとつ書き出してみます。

・企画書のタイトルを決める
・企画の概要をまとめる
・企画がいいものであるとする根拠をまとめる
・参考になる事例をまとめる
・フォーマットや文字サイズを整えて企画書に落とし込む

こうしてみると、作成開始直後にタイトルのサイズやフォントに悩むことなく、まずはA４用紙１枚にこれらの内容をまとめてみようという気になりませんか？内容がまとめられたら、その後で、体裁を整えれば完成です。

絵を描く際にまずはラフスケッチをするように、何をするにも作業前の5分でシナリオを作ってみるだけで、実際の作業がぐんとラクになります。

この習慣は、敏感な方ならではの「緊張」を解く効果もあります。

心静かにシナリオを書くと、作業開始後も平静をキープしやすく、「全部大事に見えてしまう現象」を予防でき、余分な作業に集中し始めなくて済みます。

スモールステップを基本にしよう

手順を書くときの「細かさのレベル」は、あなたの感覚で決めて構いません。ただし、自分が思うよりも心持ち細かくするのがコツ。「こんなに当たり前のことまで書かなくても」と思うレベルまで書いておけば、調子が悪いときの助けになるからです。

調子の良いときは当たり前にできることでも、ストレスが溜まると心乱れて、「次、どうするんだっけ？」となりがちです。

細かいガイドはそんなときのセーフティネット。書かれていることにただただ従っていれば、いつしか課題をクリアできるというわけです。

この手法の基盤にあるのは、「スモールステップ」もしくは「ベビーステップ」という考え方です。

ある目標に到達するためにいくつかの段階を設定するとして、それが「3段」ならば段差はかなり大きく、上るのは大変でしょう。

しかし5段ならば比較的容易ですし、10段ならもっと楽です。**段差の小さい段をたくさんつくればつくるほど、スムーズに目標を達成できるのです。**

敏感さを抱える人にとって、スモールステップは欠かせない知恵です。ストレスを軽くするための基本姿勢、といっても良いでしょう。

この本には、TODOリストをはじめ「じっくり鍛える系」のノウハウが何度か登場します。これらの共通のコツは、一段一段を思い切り低くすることです。

「（実行しなくていいから）計画を書くだけ書こう」「（企画書を書き上げなくていいから）1行目だけ書こう」という目標設定なら、簡単に達成できますね。

この小さな達成を、何度も体験することが大切。HSPの方々はとかく自分を過小評価する傾向がありますが、スモールステップは、そんな心のクセをも少しずつ修正してくれるでしょう。

敏感な人には「必要なムダ」がある

優先順位力を鍛える「TODOリスト」と完璧主義を緩和する「細かいシナリオ」によって、日々の仕事を効率化できます。

ムダな動きが減って、時短効果もアップ。疲れも溜まりにくくなるでしょう。

とはいえ、その習慣が根付くまでには時間がかかります。スモールステップ式は、ラクである代わりに、達成までが長いのです。

ですから、1か月や2か月で変われるなどという期待は禁物。

逆に、「なかなか変わらない期間」を利用するのがおすすめです。

今のうちに、自分がよく行うムダ作業の検証をしましょう。と言っても、目的は「ムダ削減」ではありません。

「このムダ、あってもいいんじゃない？」という視点で考えるのです。

HSPの方々は、美しさにこだわりを持つ傾向があります。

そのこだわりは多くの場合、第三者から「そんなのどっちでもいいのに」と言われそうなポイントです。たとえば文書を作成していて、「改行」の位置を気にする、など。

（一文字だけはみ出して改行、惜しい……）

（文字ビッシリで余白が少なすぎる、美しくない……）

そんなことを考えて、内容には問題ないのに数文字足したり、減らしたり。

上司が見たら、「そこはどうでもいいから、早く出して！」と言いそうです。


しかしこれは本当にムダなのでしょうか。


心細やかな人は、ムダ作業を行うとき、同時にそれを気にします。

「私、不必要なことをしてますよね、時間かかってますよね、ごめんなさい」と、心の中で誰かに謝っています。

これは「時間のムダ」という実際面以上に、大きなデメリットです。

気にしてクヨクヨすることこそが、ＨＳＰの方々にとってもっとも強いストレスになるからです。


ならば、いっそ胸を張ってムダ作業をしたほうが得策です。

「改行の位置がキレイだと気持ちがいい」「文書だって見た目が大切！」

という立派な理由があるのですから、きちんと意義はあります。

ちなみに私にはしばしば手を洗うクセがありますが、「手を洗うとサッパリする」という理由があるので、特段おかしいとも、なおすべきだとも思いません。

「気持ちがスッキリ落ち着く」というプラスの感覚のほうに目を向けて、自分にOKを出しましょう。

「それじゃ、時間削減ができないのでは？」という心配はいりません。

クヨクヨと気にする「ムダなストレス」を削減する効果は意外に大きなものです。「自分はまた余計なことをして……」などと考えず、それも含めて自分の仕事と捉えられれば、頭も手もスムーズに動くようになるので、結果的に仕事のスピードも上がります。

計画を立てるときは、そのこだわりにかかる時間も含めて考えればいいだけです。

片付けは「目に見える範囲だけ」でいい

五感への刺激をマイルドにする工夫についてもお話ししましょう。

視覚刺激を受けやすい人は、デスクが乱雑だと心も乱れます。机の上には余計なものを置かず、「今使うもの」だけが出た状態を維持するのが理想です。

隣席の同僚が「散らかし魔」なら、衝立やボックスで視界を防ぎましょう。背の高いボックスは、散らかしの末に起こる「雪崩」の被害を防ぐ効果もあります。

オフィスではこうして自分の領域をキープし、その範囲内の視覚情報をできるだけカットするのが手堅い方法です。

家の中も、同じく片付いた状態がベター。しかし、思わぬ落とし穴もあります。

HSPの方々の中にはしばしば、「散らかった状態が苦手なのに、片付けが下手」な人がいます。これは、散らかる→心乱れる→何から手を付けていいかわからなくなる、という状態。気に病むと、いよいよ悪循環になります。

そこで有効なのが、「視界内だけ片付ける」習慣です。

全体をキレイにする必要はありません。食事のときは食卓だけ、テレビを見るときは、テレビと自分の間の範囲だけ片付ければOKです。

片付け方もいい加減で構いません。「定位置に収納しないと」などと難しいことを考えず、背後にドサッと移すだけ。視界の外に移せば、とりあえず刺激はなくなります。

または、そうしたものを一時的に放り込む箱を用意して、邪魔なものはそこに入れてきれいな布でもかけてしまえば、気分はかなりサッパリします。

これも、実際の片付けより「クヨクヨ」のストレスを先に片付ける作戦です。

「本当はちゃんと片付けないといけないんだけど……」と思うのではなく、「これで気が楽になったら、いずれ片付けられるんじゃない？」「今、目の前がスッキリしていて快適！」と思うのが正解です。

定位置にしまったり大がかりに片付けるのは、時間があって、気の向いたときにやればいいのです。

外を歩くときの防御グッズ

ＨＳＰの方々が持つ五感の鋭さはなぜ起こるのでしょうか。

提唱者であるアーロン博士は「神経システムが生まれつき違っているから」という説明をしています。

一方、発達障害のある人も過敏な五感を持っています。こちらは、脳の中にある「扁桃体」に違いがある、という学説が現在のところ有力です。扁桃体はアーモンドのような形をした小さな器官で、感情をつかさどる役割を果たします。

扁桃体は外界からの情報を受けて感情を生じさせますが、たいていの人の扁桃体にはフィルターのようなものがついていて、あまりに強い刺激はマイルドに変換できるようになっています。ところが発達障害のある人の場合、そのフィルターが働きづらく、刺激をダイレクトに受け取ってしまうのです。

ＨＳＰの方々も、五感への刺激がストレスになるのは同じです。

敏感でない人なら平気でいられることが、ダメージになってしまう。

受け取っている瞬間は不快でなくとも、蓄積すると疲れてしまう。

そうした刺激の数は、一歩外に出たときに激増します。五感に向かって殺到する情報群は、敏感な人にとって、明らかに手に余るものです。

ですからここは「鍛える」よりも、手堅く自衛しましょう。

視覚刺激は、サングラスをかけることで軽減できます。目に入る映像のコントラストやトーンが落ち着くだけでも、かなり印象が変わります。つばのあるキャップや帽子を併用するのも良いでしょう。視界に入る情報が限定されますし、人の視線もさほど気にならなくなります。

視覚以上に疲れの原因となるのが聴覚です。敏感な人は、後ろを歩く人の足音でさえ「追い立てられているようだ」と感じがちです。まして車やバイクの音、スーパーのアナウンスや音楽、パチンコ店の大音響となると、もはや凶器に近くなります。

そこでおすすめなのがノイズキャンセリングイヤホン。騒音にあたるものを自動的にカットしてくれるので快適です。

ただし、性能の良すぎるものには注意。車の音までシャットアウトされるのは危険です。必要な情報が「うるさくない程度」に抑えられるものを選びましょう。

さらに、通勤電車は視覚や聴覚以外の感覚にも攻撃を加えてくるストレス空間です。騒音もやかましく、臭いや湿気も気になります。加えて、満員の空間は敏感でない人にとってもストレスなので、周囲がみんな不機嫌なのも困りもの。車両に充満するストレスフルなオーラにダメージを受けてしまいます。

それを避けるためには、ピーク前の早朝に出勤するのがひとつの手です。

徒歩や自転車で通勤できる距離に引っ越す、もしくは通勤不要な職場に転職するなど、思い切った選択もありえます。ストレスを減らすためなら、十分に価値ありです。広く視野をとって、選択肢を増やしましょう。

実際に、都心に住んでいてどうしても疲労困憊してしまう人が、落ち着いた土地に引っ越して、見違えるように心穏やかになったケースもあります。

自分のタイプを探ってみよう

受け取ったストレスを小さくするワザもあります。

誰かに心ないことを言われたり、理不尽な目に遭ったり、自分で自分の失敗を責めてしまって心から離れない、そんなことがあります。

そうした嫌な物事や情報が飛び込んできたとき、それを心の中で拡大したり、長々と引きずったりしないために、ぜひ実践してみましょう。

ただしこのワザ、「受け取り方のタイプ」によって多少違いがあります。

私たちの物事の感じ方には、視覚ベースで受け取る「ビジュアル」、聴覚ベースの「オーディトリー」、動きベースの「キネステティック」の3タイプがあります。

自分がどのタイプかは、話すスピードでだいたいわかります。

早口の人はビジュアルタイプ。映像は一瞬で、一目で入ってくるから、得た情報をどんどん話すために早口になります。

中くらいの人はオーディトリータイプ。文字を読み上げるイメージで物事を受け取るので、アナウンサーのように早すぎず遅すぎない口調で話すのが特徴です。

遅めの人はキネステティックタイプ。動きによって情報が入るため、一つひとつ確認するようにゆっくり話します。

なんとなくでいいので、自分がどのタイプか考えてみましょう。

タイプ別・嫌なものを「捨てる」方法

ここからは、嫌な出来事や受け取ったストレスを小さくする方法です。

ビジュアルタイプの人は、頭の中で、嫌なことを「遠ざけていく」イメージを描きましょう。

不快な情報の記憶は、目の前で思い出されることが多いもの。映画のスクリーンくらいに大きいそのイメージを、どんどん遠く、小さくしましょう。

目の前にある嫌なものを、徐々にテレビ画面サイズ、ノートパソコンサイズ、文庫本サイズ、名刺サイズ、切手サイズ……と、どんどん小さくして、とうとう見えなくなるくらいまで遠く離していくと、ダメージもしぼみます。

オーディトリータイプの人なら、「書き出してから捨てる」のがおすすめです。

「きつい」「疲れた」と感情をひたすら書き出すもよし、嫌な人へのツッコミや感情を文章にするもよし。手書きでもパソコンでもスマホでも、自分にフィットする方法を選んで走り書きをし、紙なら本当にポイッと捨てる。

画面なら「ゴミ箱」へドラッグするか、その場で完全削除しましょう。嫌な気持ちも完全消去するのです。

キネステティックタイプの人なら、嫌なことは「ゴミにしてポイ」が効きます。

嫌な情報を受け取ったら、頭の中でそれを「ゴミ」のようにイメージして、ギュッと小さく丸め、後ろにポイッと捨てるだけ。私もよくやります。

頭の中で行っても効果はありますが、キネステティックタイプの方なら実際にポイッと後ろに捨てる動作をするとベター。

捨てて落ちたものは振り返らず、そのまま忘れましょう。

効かないときは自分が「これかな」と思ったタイプにこだわらず、別のタイプ向けの方法も試してみてください。いくつもの方法を試すことで、ダメージを減らすスキル自体が徐々にアップします。

ＨＳＰの方々はイメージを描くことに長けているので、最初は慣れなくとも、着実に上達していくでしょう。

ストレスを減らす食生活のススメ

繊細な人、敏感すぎる人は、しばしば「メンタル不調」という二次的な症状を生じさせることがあります。自律神経失調症、パニック障害、うつ状態などです。

これを予防したり、症状を軽くしたりする方法は多々ありますが、ＨＳＰの方々に私が強くおすすめしたいのは、糖質を控えることです。

糖質を摂ると、血糖値を下げるために「インスリン」というホルモンが出ます。糖質を過剰に摂取すると、インスリンの分泌は絶え間なく続き、「高インスリン血症」になります。すると、自律神経の機能がダウンしてしまうのです。

自律神経では、活動時に働く「交感神経」と、リラックス時に働く「副交感神経」が交互にスイッチしている、ということをご存じの方も多いでしょう。

高インスリン血症になると、交感神経のスイッチが入りっぱなしとなり、常に心身が緊張した状態に。当然、過敏さも暴走します。

パニック障害は、血糖値の乱高下が引き金になります。症状が出るタイミングは、糖質を摂取した直後にいったん血糖値が上がり、その後落ちていくときであることが判明しています。うつ病との関連性は、脳の神経伝達物質のひとつであるドーパミンの低下。糖質摂取によって分泌量が下がり、そこにストレスが重なると、憂鬱感が起きやすくなります。

もちろん、敏感さは精神疾患とは違うので、治療が必要なわけではありません。しかし、そこから二次的に発生するメンタル不調や、ストレスからくる日々の神経疲労には、糖質制限が非常に役立ちます。

私がおすすめしている糖質制限は、「断糖」レベルの徹底的なものです。お菓子やフルーツはもちろん、炭水化物も全面NG。ご飯・パン・麺類・豆類を避けます。野菜も、根菜類に多く糖質が含まれているので注意します。ダイエットの味方とされるごぼうも、私のメソッドでは避けるべき食材です。

食べられるものは、葉野菜・赤身肉・魚介類。豆腐とチーズもOKです。調味料は塩コショウはもちろん、ワインビネガーなら糖質が入っていないので大丈夫。意外ですが、マヨネーズもOKです。

試しに、一食だけでもこの範囲内で食事をしてみてください。右記の食材で構成したお弁当を持っていき、ランチ時に試せば、午後に倦怠感がなく、頭が働きやすいことにきっと気づきます。

効果を感じたら、ぜひ継続を。身体の中からストレス耐性がアップします。

第2章

人付き合いの疲れを軽減する習慣

「優しさ」と「考えすぎ」が入り交じる!?

細やかに人の心を慮る、優しい人。これも、HSPの方々に見られる傾向です。

しかしその気配りは、いつも十分に報われるとは限りません。

気を使った当の相手に「そんなこと別にどうでもいいのに」と言われることもあれば、逆にベッタリと依存されて負担を背負い込むこともあります。

気を使っているのに伝わらない、というパターンもあります。これは気を回しすぎて、行動に移せないまま終わることがあるからです。

たとえば電車の座席に座っているとき、高齢のご婦人が目の前に立って、即座に「譲ろう」と考えたとします。

しかしそっと見上げて、その老婦人がしっかりとメイクをしたおしゃれな人だと気づいたら……次のような思考が、目まぐるしく駆け巡るでしょう。

「若く見られたい方に違いない！　譲ったら傷つけてしまうかも」

「譲るのはやめておこう。そもそも、本当に若いのかもしれない」

「いやいや、手を見るとやはりそれなりのお年……」

「だったら不快に思われても、譲ったほうがいい？」

「ああ、杖でもついていてくれたら迷わず譲れるのに！」


と、そこへ別の人がサラリと席を譲り、ご婦人は笑顔でその人に感謝。

（譲ってよかったのか）（座れてよかったですね）と安堵しつつも、行動できなかった自分のふがいなさが身に染みる……。

似たような経験、身に覚えがありませんか？

中にはこの手の経験を複数回したあと、「相手にわからない形で譲る」作戦に出る人も。次の駅で、さも目的地であるかのような顔で電車を降り、ご婦人が座るのをこっそり見届けるのです。小さな親切にしては、手が込みすぎです。

たとえばこのように、ＨＳＰの方々は、「優しさ」と「考えすぎ」が同時に発動します。

想像力が働きすぎて実行に移せなかったり、移せたとしても先回りしすぎたり。

考えすぎはしばしば、すれ違いを招きます。

そして何より、考えすぎは疲れます。普通の人なら軽くできる行動でも、繊細な人は思考しすぎて大仕事になるのです。

そもそも電車で会った人は赤の他人で、しかも一度きりの関係なのだから、万一気まずいことになっても、さほど気に病む必要はないはず。

……と、わかっていても割り切れない。

そう、繊細な人は人付き合いに関して無数の「割り切れなさ」を抱えています。

この章では、そんな「人疲れ」のメカニズムと対処法についてお話ししましょう。

「他人事」なのに気になる理由

人に気を使いすぎて消耗する原因は、もう一つあります。

それは、繊細な人特有の共感性の高さです。

泣いている人がいたら「どうしたんだろう」と心配になり、悩みごとを相談されれば自分のことのように感情移入します。

この共感性がもっとも辛い形で響くのは、怒りや苛立ちに接したときです。

イライラしている人のそばにいると、本当にトゲが刺さってくるかのような気がする、という人がいます。

怒鳴る人となると、さらに恐怖を感じます。

ただでさえ大きな音にビクッとする性分。まして、怒りの感情が込められた音声ともなれば、強い怯えを感じます。

パワハラ上司が同僚を怒鳴りつけているのを見ると、自分が怒られているかのようにいたたまれなくなります。ひどい場合は血の気が引いて、倒れそうになることもあります。

もし、あなた自身に同じような経験があるのなら、少し考えてみましょう。

怒鳴っている上司は、あなたにとって大切な人でしょうか？

苛立たしげに書類をピシャリとデスクに叩きつけたり、誰かをにらみつけて舌打ちしたりする先輩のことを、あなたは好きでしょうか？

おそらくは違うでしょう。

繊細な人はたいてい、攻撃的な人に好意は抱きません。ならば、好きでもない人が何をしていようと、「どうでもいい」とは思えないでしょうか？
繊細さや敏感さが「平均的」な人は、そう思うものです。

他人の怒りやイライラは、その人物（もしくはその被害者）が大切な存在でない限り――つまり関心事でない限り、対岸の火事です。
「おや、ご機嫌斜めか、近づかないようにしよう」程度のことしか考えません。

しかしあなたはきっとそうは思えず、自分が矛先を向けられているかのように感じてしまうでしょう。これはなぜなのでしょうか。
ひとつはやはり、想像力のしわざです。「私だったら」というイマジネーションを一度持つと、それが一瞬のうちに心に広がるからです。

そしてもうひとつは、繊細な人によくある心のクセのせいです。それは「自分を責める」というクセです。

場の雰囲気が悪くなったとき、「私のせい？」と考えたり、人のピンチを見て、「私、何かできたんじゃないの？」と思ったりすることがよくあるのではないでしょうか。

同じ立場の人や、たくさんの傍観者がいるのに、自分に対してだけ「何かできたはず」「何かできるのでは」としょっちゅう感じていませんか？

これでは、疲れるのは当たり前です。

「自分以外の全員」に気を使っていないか

少し厳しい言い方をしますが、この考え方には修正すべき「偏り」があります。

全方位で人に気を使うあなたは、誰に対してなら気を使わないのでしょう？　あなたが「少々我慢させたっていい」と思う人は、何人いるでしょうか？

もしかすると、一人だけかもしれません。そう、あなた自身です。

機嫌の悪い人と一緒に居て、なんとか笑顔になってもらおうとしているとき、相手の不機嫌にダメージを受けている自分の機嫌は後回しにしていませんか？

場が盛り上がらなくて「私のせいかも」と焦るとき、ほかのメンバーの責任を等しく検討するのを忘れていませんか？

これは明らかにアンフェアです。自分をぞんざいに扱いすぎています。

繊細で傷つきやすい人に限って、自分に対して丁寧でなくなるという、いささかよろしくない傾向があります。

なぜ丁寧でなくなるのか。それは、自分を過小評価するという、さらによろしくない思い込みがあるからです。

この思い込みは、これまでの失敗経験を強く受け止めすぎたせいで起こります。

それは、失敗とさえ言えないものかもしれません。

子供は誰でも、うっかり失礼なことをして人に嫌な思いをさせ、怒られる経験を重ねます。まだ心が成長途上で、世の中のこともわかっていないのだから、これは当たり前のことです。

そうして怒られたとき、繊細度・敏感度が平均レベルの子供なら、ひとときシュンとなったり、ふくれたりしたあと、またケロリと立ち直ります。

しかし敏感な子供にとっては、同じ経験が大事件になります。大人になっても鮮明に覚えていて「懺悔《ざんげ》」のように語る人もいます。しかし内容自体は「よくあること」。重く受け止めすぎているきらいがあります。

ちなみに発達障害のある子供の経験は、大変苛酷です。人の気持ちを察するのが不得手なぶん、相手を本気で怒らせることが多いからです。

だから、親や教師に激しく叱られたり、クラスの全員を敵に回したりと、「否定される」状態を多く経験します。

するとと何が起こるかというと——敏感になります。過剰に緊張したり怯えたり、こだわりが増えたり。経験が強烈であるほど、その傾向は強まります。

これは、前章でお話しした「ストレスが過敏さを増幅させる」現象です。否定されたストレスが緊張を生む構図は、繊細な人にも当てはまります。失敗の過大な受け止めは、言わば本人による自己否定です。

これを偏りとして認識するのが、まずは第一歩です。

物事の捉え方を変える「認知の変容」

偏りを調整するには、トレーニングが必要です。

最初に紹介するのは「認知の変容」。

簡単に言うと、物事の捉え方のクセを変えて、楽になる練習です。

これは、「認知行動療法」という診療の一プロセスです。患者さんに対して行う際は、生活リズムを整え、快適な環境を整備した上で、物事の受け取り方の偏りやゆがみを、定期的にチェックしながら直していきます。

この本では、そこまで本格的なものでなく、一人でできる範囲のことをお伝えしたいと思います。

さしあたっての問題は、人には気を使うのに、自分は後回しにする「自己否定グセ」。その原因になった出来事を捉えなおしましょう。

たとえば昔、食卓で両親がむっつり黙り込んでいるので、場を盛り上げようと明るくおしゃべりしたら、父親から「うるさい」と怒鳴られたのだとします。

傷つきやすい人は、こんな小さなことでも「私ってバカだ」と思ってしまいます。そして「明るく振る舞ったら怒られるんだ」などという、変な思い込みを抱いてしまうこともあります。

変な思い込みとは、すなわち「認知のゆがみ」。

たとえば「私ってバカだ」というのは極端な決めつけですね。家族が黙り込んでいたら元気を出してほしいのは当たり前。親の機嫌を読み損ねてしまうのも、子供なら（ときには大人でも）当たり前です。

さらにゆがんでいるのは、「明るく振る舞ったら怒られる」という思い込みです。ひとつの経験を広げすぎて「毎回、どこでも、必ずそうなる」になってしまうのは、ゆがみの典型的なパターンです。

そしてもう一つ、典型的なゆがみパターンがあります。

それは、「自分を幸せにしない解釈」です。

百歩譲って、「空気を読めずに明るく振る舞った自分が悪かった」としても、そう思うことでハッピーになるでしょうか？　誰かが喜ぶでしょうか？

これらの偏りに気づいたら、今までの自分に「反対意見」を言ってみましょう。


「たまたま、いい結果が出なかっただけでしょう?」

「私には善意があった。ほめられてもいいくらいなのでは?」

「父親も、きっとたまたま機嫌が悪かったんだ、夫婦喧嘩でもしてたのかも?」

「だからって、事情を知らない子供に怒鳴るなんて、八つ当たりよね」

「まあ、昭和の頑固オヤジだから、不器用なのよね」


こんな風に。

ただし心のクセが染みついていると、最初は全然実感が湧かないものです。ほかにも色々な出来事を振り返り、根気よく続けましょう。

紙に書き出して、音読するのも良い方法です。

「AIになったつもり」で楽になる！

現在ストレスを感じている相手にも、この方法を応用できます。

すぐにイライラする人と接していて、「私が悪かったんだ」とか「私はナメられやすいんだ」とか、自分を否定するようなことばかり考えているなら、視点をガラリと変えましょう。

自分のことを考えるのではなく、相手のことを想像するのです。

たとえば「この人、何かストレスを抱えているんだろうな」。

自分ではなく、相手の側の原因を考えるのは、自責グセの修正に効果的です。

「彼女は忙しい時期になると、いつも当たり散らすなあ」

「彼はライバルの○○さんが最近好調だから、ピリピリしてる」

など、相手の状況から推理するのも良い方法です。

ただし、想像はしても思いやりは無用です。「気の毒だな」「なのに私、フォローできなくて……」などと思い始めたら、また自責スイッチが入ります。

「この人の側の事情なのだ」↓「だから私が悪いのではない」

という思考回路を育てることに専念しましょう。

とはいえ、激しく怒る人に対しては、そんな余裕も吹き飛びがちです。

叱られる・怒られる・強い感情をぶつけられる経験は、ＨＳＰの方々がもっとも苦手とするところ。強い言葉にショックを受け、自分の落ち度を心の中で１００倍くらいに拡大し、パニックになりがちです。

そんなときは、「AIになったつもり」が効きます。「AIなら、この人物を解析してどんなデータを出すだろうか？」と考えましょう。

もちろん、イメージは自己流で構いません。


「この人は怒りで声帯が振動しています」

「血管が浮き出ています」

「心拍数は160に達しているでしょう」


など、目の前の「自然現象」を機械的にスキャンし、淡々と心中でアナウンスしていきましょう。

映像や音声を、心電図モニターやオーディオ機器の音量メーターのように計測するイメージも面白そうです。


これは、「感情モード」から「分析モード」に転換を図るワザです。

人は何かを分析するとき、感情をオフにします。たとえば「猫」でも、「かわいいな〜」と思いながら眺めるのと、「この猫は雑種・オス・しっぽはまっすぐ」と観察しながら眺めるのでは、心持ちがまるで違いますね。

動揺したときこそ分析をして、波に飲まれるのを防ぎましょう。

他人に期待するのをやめる

認知の変容と並行して行ってほしい練習が、もうひとつあります。

「他人に期待しないこと」です。

これは、「どうせ他人なんて……」とシニカルに心を閉じるべし、という意味ではありません。認識をフラットにして、過度に傷つかない心を育てよう、ということです。

裏を返せば、傷つきやすい現在の心は、他者のふるまいを高く予測するクセがある、ということです。人の言動に傷ついてしまうのは、「もっといい言動を予測していたから」にほかなりません。

感じの悪い店員さんにあたって不愉快な思いをするのは、感じよく接客されると思っていたから。

ガサツに振る舞う同僚にウンザリするのは、細やかに振る舞ってくれたらいいなと思っているから。

気を使っているのに全然通じなくてガッカリするのは、「お気遣いありがとう！」と言われることを思い描いていたから。

これらの「期待の上振れ」を修正すればいいのです。

「期待しない」は、「認知の変容」と表裏をなす関係です。

認知の変容では、悪い出来事が起こった原因を「相手の中」に探しましたね。

対して今回は、傷つく原因を「自分の中」に見ます。

出来事は自分の都合などお構いなしに、自分の外側で起こるので、私たちがコントロールするのは困難です。

他人の思考や行動となると、さらに完全にコントロール外です。

こうしたコントロールできないことに関しては、「この人の虫の居所が悪かったんだからしょうがない」と、相手の領域に投げたほうが、合理的かつラクです。

一方、「傷つく」のは自分の内側の現象であり、自分で変えられる領域です。期待をやめれば、それだけ傷つく危険は減らせます。

では、期待するのをやめるにはどうすればいいのでしょうか。

逆説的な言い方ですが、「やめよう」と頑張る必要はありません。

やめようとすると、たいていは「やめられない自分」が目につきます。するとまたしても、「私はダメだ」という考えにはまり込んでしまいます。

ですから、頑張るのではなく「気づく」だけで十分です。

人のふるまいに「ガッカリ」「ひどい！」と感じたら、そのつど「あ、また期待していた」と思うだけ。変えようと思わずに、淡々と認識しましょう。

前述の「分析モード」で、「曲線グラフの上振れ」のイメージを描くのも良い方法。このようにズレを意識していれば、自然と修正する力が働きます。

期待を捨てると、前向きになれる!?

「人に期待しない」という言葉に、後ろ向きなイメージを抱く人は多いでしょう。

しかし、実際の効果はその正反対です。

期待しない習慣が根付いてくると、前向きなメンタルが備わります。

私は仕事をするとき、この習慣を役立てています。

たとえば私が相対してきた自閉症の子供たちは「予想外そのもの」ですから、期待などしていたら身が持ちません。

また、癌など身体の病気も診ますが、経過に一喜一憂していたら、やはりメンタルが消耗します。だから、自分のスキルにも患者さんにも、過度な期待は寄せません。

つい先日も、指導どおりの食事を摂っていれば良くなるはずの患者さんのデータが、なぜか悪くなっていたことがありました。

原因は、患者さんが「前回のデータがよかったからお祝いに」と、禁止している食べ物を食べてしまったからでした。

こんなときも、「だから前回ダメって言ったのに！」などとは言いません。

その代わり、こんな風に考えます。

「食事療法は、本人任せでは限界がある」

「管理できるシステムを考えたほうがよさそうだ」

「毎日、食事の写真を撮ってもらってやりとりしようかな？」

そう、期待を捨てれば「これからの対策」に目が向くのです。

これは家族やパートナーなど、近しい相手に対しても同じです。大切な人であればこそ、勝手な願いを押し付けないことが重要です。

子育て中の方は、子供が「思い通りにならない」のは当たり前、と捉えましょう。

子供の性格や能力をそのまま、ありのまま受け止めれば、対策を考えられます。

恥ずかしがりな子は恥ずかしがりなまま、ガサツな子はガサツなまま、その特性を「変えよう」とするのではなく、「どうすれば課題となっていることが解決できるだろう」と対策を練るのです。

期待していると、期待通りにいかない相手に「変わってくれたら」と願ってしまいます。でも相手は変わりませんから、裏切られた期待はイライラや失望に変わります。しかし、期待を手放し、相手を変えようとするのをやめれば、「どうしたらいいだろう？」と対策を講じられるのです。

ちなみに私の友人は、「妻がコップを割る問題」の対策を考え中です。友人の奥さんは食器洗いのアクションがやたらと激しく、洗いカゴにガチャンと音を立てて置くと言います。高価なアンティークのグラスでも手加減ナシ。そのため友人宅では、欠けるコップや割れるコップが続出しています。

この被害を減らすにはどうするか。簡単なのは、友人本人が毎回洗うことでしょう。割っていいコップだけを使う、食洗機を買う、なども考えられます。ちょっと発想を膨らませて、「割れないコップを使う」のも面白そうです。プラスチックでは味気ないので、デザインも機能も兼ね備えた素材があれば理想的。

そんな素材がないなら、いっそ開発してしまうのもいいかもしれません。その分野の知識や技術のある人を紹介してもらって、ビジネスを立ち上げてしまっても……？

ここまでくると、もはやアイデア創出ゲームです。課題が楽しく思えてきます。

「そんな置き方ダメだよ！」と奥さんにガミガミ言うより、ずっとハッピーでしょう。発想も柔軟になるので、脳の活性化にも一役買うかもしれません。

「相手の自己重要感」を満たそう

傷つかないための備えを固めつつ、人とスムーズにコミュニケーションをとるための知恵も身に付けましょう。

繊細な人はすでに、人の気持ちを思いやる習慣を持っています。しかしそれは「感情ベース」の習慣。もう一つ、「分析ベース」のワザも習得しましょう。

すなわち、「相手の自己重要感を満たす」というワザです。

自己重要感とは、「大切にされている」と感じることです。

肯定される、承認される、理解される、求められる、頼りにされる。これらはすべて「あなたは重要な存在です」と言われているということです。

どんな人間も、これを欲します。自己重要感を満たしてくれる相手のことは、必ず好きになり、大切にします。

つまり相手の自己重要感を満たせば、相手から尊重されるのです。この関係性を増やしていけば、「皆から大切にされる人」になれます。

では、具体的にどのように接すればよいかというと――。

第一歩は、誰もが昔から実践しているものだと思います。「相手の話を聞く」というコミュニケーションです。相手の言葉をさえぎらず、否定せず、考えを押し付けず、共感を込めて聞く。すでにおなじみの習慣だと思います。

しかしこれ以降は、分析ベースならではの視点が必要となってきます。


この人は何をすれば、尊重されていると感じるのか。

どんなところをどんな言葉でほめれば喜ぶのか。


相手を一人ひとり観察・分析して、ポイントを見極めなくてはいけません。

ここまでに登場した「分析系ワザ」に慣れていれば、基礎体力はすでについているはずですから、こちらの習得もきっとスムーズでしょう。


とはいえ、これまでの気遣いの方法とはかなりテイストが違うことも事実。

思いやり深い人ほど、こうした分析的なアプローチを「相手を操作しているようで嫌だ」と感じるかもしれません。

しかし、相手が求めているものを把握し、それに沿うことも立派な思いやりです。

しかも、「合うか合わないか」「好きか苦手か」などの感性の部分で向き合うより、誰に対しても行き届いたコミュニケーションができます。

その結果として相手がこちらを信頼してくれたら、相手が自身の良いところを前面に出して接してくれるようになります。

つまり、苦手だと思っていた人でさえ、感じの良い人に変わるのです。

そうすれば、こちらも相手を好きになれます。

「人に振り回されて疲れる気遣い」に消耗している人ほど、「距離が縮まって嬉しい気遣い」を始めることが必要なのです。次項でさらに詳しく方法を説明しましょう。

相手を知るのに役立つ「人間の3タイプ」

分析の目安として役立てていただきたいのが、「人間の3タイプ」です。

人の個性は、パーソナリティ重視タイプ・パフォーマンス重視タイプ・ブランド重視タイプの3種類に分けることができます。

この3通りの人々は、価値観が大きく違います。

何を喜び、何を望み、何を言えば心を開くかも三者三様。じっくり見極めて、適切なコミュニケーションをとりましょう。

以下、その3タイプの人となりを紹介します。

①パーソナリティ重視タイプ

◆人を見るとき、その能力やバックグラウンドよりも、「人柄」を重視する。

◆モノに関しても、品質を重視する本物志向の人。

◆信頼・人脈・愛情といった、目に見えないものに価値を置く。高い買い物をする際は、「この人から買いたい」が強い動機になる。

②パフォーマンス重視タイプ

◆ムダなく素早く結果に到達することを目指す。コストパフォーマンスを重視し、何事も数値に換算するが、「これ」と思ったことにはお金も時間もかける。
◆目に見えるモノや財産を重視し、それらを大きくしていくことに目的を置く。
◆ライバルと切磋琢磨しながら成績や成果を伸ばしていくことに燃えるタイプ。

③ブランド重視タイプ

◆権力・権威・資格などに価値を見出し、大きな組織や高い地位を好む。
◆ほめられるのが大好き。人前でほめられるとさらに嬉しく感じる。
◆束縛を嫌い、自分のコントロール下で権力をふるいたいという欲求がある。
◆一方で不安感が強く、安心できない状況では心のバランスを崩すことも。

3タイプの見分け方

3つの個性は、わかりやすく表面に出てこないことも多々あります。

実は権威大好きなブランド重視タイプの人が、「そんな自分は嫌だ」と思ってパーソナリティ重視タイプ風に生きようとする、といったことが珍しくないからです。

それに、どれか1つのタイプだけでなく、複合的な特徴を持っていることも往々にしてあります。

誰しも多かれ少なかれ本音と建前を使い分けますし、それをあまりに無意識に行っていて、自分で自分のタイプがわかっていない人もたくさんいます。

しかし、普段のふるまいや言葉の端々から、ある程度の見分けはつきます。

3タイプそれぞれの、言動の特徴をチェックしましょう。

①パーソナリティ重視タイプ

◆争いごとが嫌いで、基本的ににこやかで穏やか、周りへの気配りを欠かさない。
◆誰もしたがらないことを進んで行うことも多い。
◆一方で、信念に反することは断固受け容れない一面も。
◆納得しないと着手できないので、スタートが遅いのも特徴。

②パフォーマンス重視タイプ

◆相手の目をまっすぐ見て、真剣に話す。話し方は明快でムダがなく、ときには言いづらいようなことでもズバッと指摘する。
◆仕事熱心で、やるからには結果を出さないと満足しない。
◆稼いだお金は無駄遣いせず有効活用し、「自分への投資」にも熱心。

③ブランド重視タイプ

◆身振り手振りが大きい。ほめられるととても喜ぶ。

◆自分が心動いたことは熱心に話すが、人の長話は嫌い。
◆面倒くさいことはしたがらない。意味や価値を感じないことには不熱心。
◆物事を自分のペースで進めたがり、途中で口を出されると嫌がる。

3タイプの自己重要感を満たすには

周囲の人々を観察して「この人は○○タイプかも」と見当がついたら、自己重要感を満たすコミュニケーションを実践に移しましょう。

3タイプがそれぞれ、どんなことで自己重要感を満たされるか把握し、あとは「喜ぶことをする」「嫌がることはしない」を徹底すれば万全です。

①パーソナリティ重視タイプ

◆人柄を賞賛するのが一番。「あなたの心配りが本当に嬉しい」といった言葉を、穏やかな口調で投げかけることで距離が縮まる。

◆話を聞き、共感する。「気持ちをわかってくれる人」には強い信頼を寄せる。逆に、不親切な人間は信用しないので、本人以外の周辺人物に対しても誠実な態度を取ることも大事。

◆仕事を任せたい後輩や部下には「あなたしかいない」が殺し文句。ただし、その仕事の意義を相手が納得できるように説明することも不可欠。筋の通らないこと、誠実性に欠ける仕事を押し付けると信頼関係は崩壊する。

②パフォーマンス重視タイプ

◆このタイプと話をするときは明確さが命。仕事と関係のないことを話す際も、まず結論を言い、そのあと理由や背景を端的に言う「ビジネスシーンでの話し方」をすると話が弾む。

◆ほめるときは「デキる人」であることを指摘するのがコツ。良い結果を出したときには、見逃さず必ず言及したいところ。しかし、お世辞や大げさな誉め言葉は

「裏がある」と取るので要注意。「この間の○○、さっそくいい効果を出してますね」など、事実を指摘するのが良い方法。

③ブランド重視タイプ

◆ほめることが一番のコミュニケーション。人前で「すごい！」とほめればさらに良い。「あなたは何でもできるんですね」「こんなの見たことない」など、特別感を感じさせる言葉を投げかけると、相手にとってもこちらが特別な存在になる。

◆仕事を頼みたいときは、行動力とバイタリティを活かせる内容が向いている。面倒なことはしたがらないので避けたほうがベター。いったん任せたら本人の自由にさせることも大事。

◆逆に、こちらが頼まれた側なら、すぐにやること。もしやらない場合もすぐに断るのが鉄則。

以上のコミュニケーションを、最初は気の合う友人や身近な関係の人など「好きな

人」から始めてみましょう。

好きな相手が喜ぶことなら、進んでしたいと思えますね。

これでうまくいったら、少しずつ難易度を上げていきます。

仲が良くも悪くもない知り合い、用事以外で口をきいたことのない同僚、ちょっと怖そうな先輩、そして苦手な人にも。

これまでの関係性が大きく変わっていくでしょう。

会話の緊張を減らす「3カメ」の練習

相手を分析するのと同様に大事なのが、自分を知ることです。

感性の豊かな人はさまざまなことに心が動くので、自分を見つめる機会をあまり持たずに来てしまったケースがときどき見られます。

ＨＳＰの方にそう言うと、「そんなことありません。私はしょっちゅう自分を顧《かえり》みています」という答えがよく返ってくるのですが、その内容を聞いていると、「いつもの自責」であることが多いように思います。

「彼女のさっきの表情、ムッとしてた？」
「私の言い方、気に障ったのかな」
「これだけ気をつけていても失敗しちゃう私って……」

などと、後悔や疑念にかられながら振り返っているので、少々偏った自己認識になっています。前述の通り、クヨクヨと気にしすぎると、冷静な見方ができなくなります。

すると適切な対策も取れず、似た失敗を繰り返す危険もあります。エネルギーばかり消耗して解決につながらないのは、あまりに残念です。

そこで、心を動揺させずに状況を観察する練習をしましょう。

名付けて「3カメ」。3台目のカメラ、という意味です。

1カメは、自分から相手に向かうカメラ。映るのは自分から見える相手の姿だけ。「この人、ひどい」「この人、素敵」といった視線です。

2カメは、相手から自分に向かうカメラ。映っているのは自分のアップです。相手の都合を考えず「私は素敵、私は頑張ってる、私は可哀想」という話ばかりする人は、このカメラだけを使っています。

多くの人は、この1カメと2カメだけを使ってコミュニケーションをとっていますが、第三の視点を入れると様相がガラリと変わります。

3カメは、自分と相手を同時に映すカメラです。

この手法を、私は療育の指導員を育てるときの授業で使っていました。まず、その指導員と、療育対象の子供のやりとりをビデオで撮影します。

次にその映像を映し出しながら、「ここでは、子供の視線をちゃんと確認しよう」という風に、フィードバックを行います。自分と相手の姿が両方入った映像なら改善点が明確に見えて、上達も格段に早くなります。

同じ要領で、人と会うときは、相手と自分の2人が入った映像を想像しながら話してみましょう。アングルは俯瞰でも真横でも自由で構いません。

最初は、頭の中で想像するのが難しいと感じるかもしれないので、まずは、家族や親しい友人と、スマホで動画の自撮りをして要領をつかみましょう。自撮りで普段の自分を観察してみるのはとても有意義です。

表情、仕草、声、話し方、今まで気づかなかった自分をたくさん発見するはずです。慣れてきたら、自撮りナシでいつでも3カメを使えるようになります。

「自分は緊張してうまく話せていないけれど、相手は楽しそうだからいいじゃないか」「彼女が怒っているのは私の態度や発言のせいではなさそうだ」「苦手な相手だけど、自分はちゃんとリアクションをとれているな」と、常に2人を映します。

自分自身の課題点も、発見してすぐに修正できなくて構いません。まずは気づくことが大切です。気づいたところは、だんだん意識してなおしていけばいいのです。

大人の駄々っ子、愚痴魔……「困った人」の対処法

こうしてスキルを磨いていくと、相手が悪いのに自分を責めるクセも和らいでいきます。それでも、やはり「困った人」と接するのは憂鬱なもの。ストレスを受け流す接し方を知っておきましょう。

敏感な人は、相手の「不機嫌さ」をいち早く察して落ち着かなくなることがあります。こんなときはどうしたらいいかというと……

放っておきましょう。身も蓋もありませんが、これがベストです。

その人に何があったか知りませんが、嫌な気分だからといって、無関係な人に不機嫌な顔を見せるなんて、大人としてはかなり「難アリ」です。

こういう駄々っ子に対して、機嫌を取るのは禁物です。スーパーで「これ買って〜」と子供が騒ぎ、恥ずかしいから買い与えて黙らせる、というお母さんの対応、あれは「駄々をこねたら買ってもらえる」という「誤学習」をさせるモトです。

賢いお母さんは、駄々を完全無視します。するとそのうち、子供は騒いでもムダだと悟って、駄々をこねなくなるのです。

大人の駄々っ子も、「これが正しい親心」と思って、放置しましょう。

「大丈夫ですか」もナシ。「どうしたの」もナシ、「ごめんなさい」も本当に悪いことをしていない限りナシ。

用事があるときだけ話して、あとはケアしないこと。

すると一時的に駄々はひどくなりますが、それでも折れずに放置していれば、少なくともあなたに対してはおとなしくなります。

次に、不機嫌な人と同じくらいの難物が、愚痴を延々と聞かせる人です。

優しくて聞き上手な人には、こうした人が寄ってきやすい傾向があります。

その場合は、あまり真剣に耳を傾けないこと。「どうしたらいいと思う?」などと聞いては来ますが、相手も本当は答えなど期待していないのです。

アドバイスを送っても、実行することはまずありませんし、なぜかアドバイスをしたこちらに対し「わかってくれない」と怒り出すことさえあります。

ですからこちらは、一番ラクなコミュニケーションをとりましょう。すなわち、「くり返しの術」です。

「辛いの〜」→「辛いんだね」。「困った〜」→「困ったねえ」。

このようにそのまま繰り返せば、相手は「わかってくれる」と感じます。


とはいえ、誰かの悪口に「ヒドイでしょ」→「ヒドイねえ」と答えたら、自分まで巻き込まれるので注意。「そうなんだぁ」くらいにとどめ、早々に退散しましょう。

「嘘の用事を言って帰る」のが手堅い方法です。罪悪感を覚える必要はゼロです。

または、「今日は○時までね」と時間を区切るのも良い方法。それでもストレスが消えなければ、本当に相性が悪いということなので、付き合いをやめましょう。


なお、「大事な相手だし、聞いてあげたいけれど、話題が深刻で消耗する」という場合は、前述の「3カメ」が有効です。

話の内容を整理・把握するのにも役立ちます。「こういうことなんだね?」と聞いた話を整理して伝えるだけでも、相手は満足します。

「相談したいけどできない」理由とは

「人から相談されることはよくあるのに、自分はなかなか人に相談できない」も、繊細な人がよく抱えている問題です。

このためらいの原因は、大きく分けて2つあります。

ひとつは、「私のストレスを人に分けるなんて申し訳ない」と考えてしまうこと。

そしてもう一つは、「エクスポージャー不安」です。

エクスポージャー、訳すと「曝露《ばくろ》」。普段見せていない部分を人に見せることに、人は多かれ少なかれ、緊張や不安を覚えます。気持ちの細やかな人は、とくにこの傾向が強いのです。

これらの2つの理由には、共通した心理が働いています。どちらにも、「自分がどう見られるか」という不安があるのです。

「暗い話を聞かされて重たいな、と思われるかも」

「そんな小さいことで悩むなんて弱いなあ、と思われるかも」

「秘密を言ったら関係性が変わってしまうかも」

などなど。

では対策は何か。一番有効なのは、すでにご存じの「他人に期待しない」です。

他人は、たとえ近しい間柄でも、こちらの悩みにさほど関心を持たないものです。

あえて極端な言い方をしますが、悩みの内容や、そんなことを悩むあなた自身のことは、相手にとって「どうでもいい」のです。

ひととき一緒に悩んでくれたり、ときにショックを受けて泣いてくれたり、逆に「ヤワな人なんだな〜」と批判的に見たり、「話長いなあ」と退屈したりしても、それをずっと心に残したりはしません。

悩みを聞いてくれたあと、その人は家に帰り、次の日からまたその人の生活を送ります。関心事は次々に更新され、自然に記憶は薄れます。

ですから相手の関心を高く見積もらず、ラクに構えていいのです。

それでも心配なときは、「相談する目的」を明確にしましょう。

①聞いてほしいだけ

②アドバイスしてほしい

このどちらなのかを決め、それを最初に伝えれば、相手も心づもりができて、スムーズに話ができます。

目的を定めると、事前に「相談する価値がある話かどうか」を公平に判断するのにも役立ちます。

どんなに小さな悩みでも、一人で抱えている苦痛が高じて、生活の邪魔をしているのならば、「聞いてもらう価値」があります。一人で考えても答えが見つからない状況まで煮詰まっているなら、「アドバイスを求める価値」があります。

逆に言えば、そこまで窮《きわ》まっていないのなら相談しなくてよいということです。悩んでいて苦しいときこそ、心の交通整理をして視界を良好にしましょう。

もうひとつ大切なことをお伝えします。人間は、思っている以上に「相談されると嬉しい」ものです。それは信頼の証であり、頼りにされている証拠だからです。「迷惑かも」などと思わずに、①か②の選別をして、しかるべき相手に相談してみましょう。

そしていつか相手が自分に相談してきたら、同じように聞いてあげればいいのです。

たくさんの人と付き合おうと思わない

「人にどう思われるか」が不安になる人は、「こうあるべし」という思考にもしばしばとらわれます。

身だしなみはきちんとするべき、人には親切であるべき、いつもポジティブでいるべき、玄関はこまめに掃除するべき、行列の順番を守るべき、新聞は毎日隅々まで目を通すべき、グローバル社会なのだから英語くらい話せるべき、家事も仕事も破綻なくこなすべき、食事は手作りであるべき、食品添加物は避けるべき、出汁は合成調味料に頼らず一からとるべき……。

あなたも、いろんな「べき」にとらわれていませんか？

実行できているかどうかは問題ではありません。

実行できていないことを気にしているなら、すでに「べき思考」です。

もちろん社会人として最低限の良識は必要ですが、度を越すと危険です。繊細な人ならではの自責スイッチが常時ONになり、苦しくなるからです。

たとえば人間関係においては、「友達はたくさん持つべき」という思考が負担になります。一般社会ではなんとなく常識になっていますが、友達が少ないことはそんなに悪いことでしょうか。

もしあなたが内向的なタイプなら、そのことに罪悪感を持たないようにしましょう。そして、合わない人と無理に付き合う必要はありません。

HSPタイプの方の友人関係は、広く浅くより、狭く深く付き合うスタイルがフィットします。

リラックスできる人、信頼できる人、大切に思える人、大切にしてくれる人、価値観が似ている人、あるいは別の価値観で新鮮な発見をもたらしてくれる人。

基準は一様ではありませんが、「好きな人」であることが重要です。

そこで「快適に過ごせる」なら、それがベストな交友関係なのです。

ちなみに、これまでに紹介してきたどんな習慣や心がけをもってしても「どうしても合わない人」はいます。そういう人とは、無理に付き合う必要はありません。「来世で仲良くしましょう」と思って、感じよく受け流せばいいのです。

効果てきめん！　リラックス体操

「認知の変容」「期待しない」「相手の自己重要感を満たす」が習慣として根付けば、人に対するストレスは激減します。

しかし、習慣が根付くまでの間、もしくは実践していても突発的な緊張に襲われた、というときは、身体に働きかけてリラックスしましょう。

簡単な体操で、上半身の緊張をゆるめる体操です。かかる時間は1〜2分ですが、効果はてきめんです。ちょっとスペースが必要ですが、ぜひ試してみてください。

【上半身リラックス体操】

①足を肩幅に開き、重心をかかと側に乗せる（少しだけ身体の背面に体重をかける）

②上半身を腰から折って、だらりと前に倒す（上半身は、首から頭・肩からひじ・手首・指先まで、完全に力を抜く）

③そのまま、腰から上の上半身を前後左右にブラブラ振って上半身を脱力させる（あらゆる部位の力は抜きっぱなしでブラブラさせる）。30秒から1分ほど続ける

④十分に脱力しブラブラさせたら、かかとにかけていた重心を少しずつ前に寄せな

がら、少しずつ上半身を起こしていく

⑤腰の骨を下から1個ずつ上に乗せていくイメージで、腰から背中を下から上へ、だんだん真っ直ぐに、最後は首まで乗せて直立に戻る

この体操はもともと、発声をよくするために編み出されたものです。

全身がリラックスするだけでなく、一度行うだけで、声がガラリと変わるほど効果があります。胸郭がゆるむと、「共鳴体」という空洞で声を響かせることができるので、大声で話さなくても、声がよく通るようになるのです。

よく響く声で話すと、相手の身体も共鳴します。言いたいことをしっかり伝えることもできるでしょう。

そして何より、上半身の緊張が取れて、気持ちが穏やかになります。

緊張する面談やスピーチの前はもちろん、どうも緊張しているなというときは、一人になれるタイミングを見て、そのつど実践してみましょう。

第3章

自分に厳しいのをゆるめる習慣

自分へのダメ出しをやめる簡単な方法

「私はどうしてこんなに傷つきやすいんだろう」
「ちょっとしたことですぐ疲れて、ダメだなあ」
「何でもサラッと受け流せなくて、情けない」

ＨＳＰの方々はよく、こんな風に自己批判をします。ただでさえ傷つきやすいのに、自分に対してとても厳しい。実はそれこそが、もっともなおすべきクセです。
そういうわけでこの章では、自分をきちんと評価し、好きになる方法についてお話ししたいと思います。

自分を「きちんと評価する」とはどういうことでしょうか。
自分に厳しくすること？　いいえ、それは自己評価が「低すぎる」ということです。

ではなぜ、そんなに自己評価が低く、自分に厳しいのか。

それは、「自分に期待しているから」です。

前章でも、「他人に期待するのはやめよう」とお話ししましたね。

自分への期待も、他人への期待と同じしくみの心理です。

自分を責めるのは、「もっと素敵なはずの自分」を期待しているからです。

大きく構えて動揺しない自分、嫌なことがあってもパッと切り替えられる自分、高圧的な相手にも毅然と向き合える自分……などなど、思い浮かべる姿はさまざまでしょう。そして「そうではない今の自分」にガッカリするのです。

理想の自分のイメージがあって、それに一致しないことに傷つくのなら、期待しないのが一番ではないでしょうか。

ただし、「私なんて、どうせこんなもの」と思えという意味ではありません。

ここは間違えやすいので、気をつけてください。

「自分が、必ずしも自分の描くイメージ通りだと期待しないこと」という意味です。

今現在、期待と違っても、「そりゃ、イメージ通りにはならないよね」とフラットに受け止める。卑屈になるのではなく、ラクに構えるのです。

どんな人（たとえばあなたが憧れるような人）**でも、「自分自身が常に自分の理想通り」などという人は、まずほとんどいません。**一流と言われるような人たちならなおさら「もっと理想に近づきたい」、つまり「今の自分は自分の描く理想の自分ではない」と思っているものです。

だから、**「今の自分は、まだ自分の描く理想の自分ではない」**というのが、自分に対する正当な評価です。これができると、自分を好きになります。

低すぎる自己評価がリセットされて、今の自分を認められます。

するとストレスが減ります。ストレスが減ると……もうご存じですね。

過敏さが収まって、物事を穏やかに受け止められるようになります。

もう一つ、自分に期待しないで頭にとめておいてほしいことがあります。

「『今現在』、期待と違う自分でも」と言いましたね。大事なポイントです。

ならば、未来はどうなるのでしょうか。

期待をやめて、自己批判をやめると……今描いている以上の未来が、やってくるかもしれません。

しかしその話は、またおいおいすることにします。

現時点での自分への厳しさについて、もう少し掘り下げてみましょう。

グレーゾーンを受け容れる訓練

理想のイメージを現実の自分と比べてガッカリするのは、「こうあるべき思考」が強いからです。

もっとタフでないと、もっとポジティブでないと、もっと積極的でないと、もっと大人でないと、もっと肝が据わっていないと……というようなことを日々思っているとしたら、一度考えてみてください。

その「もっと」とは、どのくらいですか？

今の自分と、理想の自分との距離はどれくらいでしょうか？

「べき思考」にとらわれてしまうと、この距離を冷静に測ることがなかなかできません。理想でないなら全部ダメ、と瞬間的に判定を下してしまいます。

0か100、白か黒の考え方——つまり完璧主義です。

実際は、白と黒の間に、長いグレーゾーンがあります。

というよりも、人間の生活は、ライトグレーであれダークグレーであれ、すべてグレーゾーン内にあるのです。

人の世は真っ白な理想だけでも、真っ暗闇でもありません。嬉しいことといヤなこと、素晴らしいことと冴えないこと、真実と嘘、善意と悪意、高尚と低俗……両方が入り交じっています。


人間や世の中の黒い面だけ見て落ち込むより、「こういうものなのだ」と認めたほうが、断然ラクです。


グレーを認めると、人を受け容れる心も備わります。

繊細な人はしばしば、自分とかけ離れた人に苦手意識を持つもの。大雑把な人を見るとつい批判的な気持ちになりますし、プライベートを無神経に詮索してくる人は不快に感じます。やたらと声が大きかったり、所作がガサツだったりすると敬遠したくなります。

もちろん、そんな人たちと無理に仲良くせよとは言いません。しかし、その差を「良い・悪い」で断定し、心を他者に対して閉じてしまうのは避けたい事態です。人に関心を持たなくなると、人と接する喜びも、異質な人との間で得られる発見も、すべて逃してしまうからです。

こういう相手には、良い悪いではなく「違い」なのだと認識すると、仲良くはしないまでも、自分が「閉じた人」にならずに済みます。

自分という一人の人間もまた、グレーな存在です。黒く見える部分だけを気にして「ダメ判定」を出し、自分に対して閉じるとなると、さらに世界は狭く、身動きのとれないものになります。

「自分はもっと白いはず」という期待を持たずに、「あ、グレーですね」と見たままに思うことを基本姿勢としましょう。

「複利計算」で頑張らずに前進！

「そうはいっても、やっぱり自分のダメな部分は嫌いです」

「認めてしまうと、進歩がなくなるのでは？」

という意見もあるでしょう。確かに、向上心は大事です。

しかし、グレーゾーンを認めると進歩しなくなるわけではありません。

大事なのは、「期待しないまま努力する」ということです。

……ますますわからなくなったでしょうか。ひとつ例を挙げて説明しましょう。

この本で、ここまでにいくつも「おすすめする習慣」を挙げてきましたね。

あなたはそのうちのどれかを行いながら、「全然できない！」「やっても身に付かない！」と、自分にダメ出ししているとしましょう。
ならば、することは2つ。

①ダメ出しをやめる
自分への期待をリセット。「そう簡単に身に付くわけないじゃん」と期待を手放すことが、適切なスタンスです。

②淡々と続ける
今日できなくても、明日できなくても、続けましょう。続けているだけで偉い、と自分を認めてあげましょう。

これが「期待しないまま努力する」ということです。これを実践すると、これまでとは違う新しい視点が生まれます。
「できる／できない」ではなく、「『まだ』できていない」という視点です。

グレーゾーンに身を置きつつ、ダメ出しせずに努力する人の考え方は、このように前向きなのです。

さて「努力」というと、何やら苦しいことのような印象がありますね。

しかし私がおすすめする努力は、辛いものではありません。

とことんスモールステップ（39ページ）に徹して、ほんの少しずつ上ればいいからです。

高い段差ではないので時間はかかります。しかしその時間も、思うほど長くはないものです。なぜならスモールステップの成果は、「複利」で積み上がるからです。

今持っているものが１００だとして、それに毎日０・１％のごくわずかな進歩が加わるとしましょう。とすると初日は１００、翌日は１００・１です。

その翌日は１００・２ではありません。その日の持ち合わせである１００・１の０・１％が重なるので、１００・２００１です。この調子で毎日積み重ねていくと、１年後には……

なんと、144。実に44%増しです。

わずか0・1%分では、進歩の実感はまるでないかもしれません。しかし実は静かに、そして加速度的に、変化が起こっているのです。

究極の質問「自分の子供に、同じことをさせますか？」

私のクリニックを訪れた、HSPの自覚を持つ方の話をしましょう。

その女性はハードな立ち仕事に就いていて、朝9時から夜の12時まで働いているという異常な状況にいました。

その上あろうことか、「パニック発作がしょっちゅう起こって仕事に支障が出ているので、薬を出していただけませんか?」と言うのです。

「いやいや、そうじゃないでしょう」と私は言いました。

その生活でメンタルに不調をきたすのは当たり前。必要なのは薬ではなく休養であり、働き方を変えるのが先決なのでは、と。

ところが彼女は言うことを聞きません。

「今の現場では一番後輩なので、私が頑張るしかないんです」

言い張る彼女に、私はこう聞いてみました。

「もしあなたの娘さんが今のあなたと同じ状況にいたら、あなたは『仕事を続けなさい』と言えますか?『この薬飲んで、ほら行きなさい』って言えますか?」

彼女の答えは「……いいえ、言えません」。

よかった、判断力が戻ってきた、と感じました。

自分の子に、同じことをさせられるか否か。

とっさに出た質問でしたが、「自分を大事にする方法」を思い出してもらうのに最適な問いかけだったと思います。

自分を後回しにすることにあまりに慣れると、人はこの意味がわからなくなります。絵空事のように思えて、ピンとこなくなるのです。

「もっと自分を大事にしなきゃ」と誰かに言われても、その親切心には感謝するものの、心の中では「なにそれ？　どうやるの？」と思っていたり……。

そんな人でも、自分の子供を想定すればリアルに響くはず。

自分が自分にどんなにひどいことをしているか、今自分に必要なのは何か、客観視できるのです。

不思議なことですが、若い人でも、子供がいなくても、性別も関係なく、皆が「もし自分の子供だったら」と考える感覚を持っています。私も子供はいませんが、想像だけでも大切にいとおしむ気持ちが湧いてきます。

自分を自分の子供のように思って見てみると、「ちゃんと育てよう」という気持ちも自然に生まれます。努力する自分のことも、変なプレッシャーをかけずに、かつ真剣に応援できます。

できないことばかりあげつらってガミガミ言う親ではなく、温かく見守れる親のもとで、子供はのびのび育つものです。そんな気持ちで、「自分育て」をしましょう。

「ハッピーの五段階評価」をつけよう

「他人に期待しない」「自分に期待しない」「スモールステップで努力する」

この3点セットを携えると、大げさでなく、人生が変わります。

最初はできなくても、できている実感がなくとも、続けてほしいと思います。

しかし、実感が湧かないのに続けるのは確かに大変です。

そこで、実感を持てるしくみをつくりましょう。

名付けて「ハッピーの五段階評価」。

毎日、個々の活動がどれくらい快適だったか、ハッピーだったかを採点していく方法です。

一種の日記とも言えますが、ＨＳＰ気質の方が文章形式で日記をつけると、「感情

一本やり」になりがちです。その点、五段階評価は「感情を採点する」という分析なので、状態を客観的にモニタリングできます。

私も、毎日書いています。つい先日の五段階評価はというと……。

◆朝のコーヒー：3（コーヒーは好きなのですが、あとで具合が悪くなるのが難）
◆朝の入浴：4
◆読書：4
◆診療：3・5（患者さんの状況は色々なので満点はめったにありません）
◆ランチ：3
◆勉強会：5（興味深い話題に刺激的な仲間、とてもハッピーな時間でした）
◆食事会：5（そのメンバーとの食事なので、当然ハッピー）
◆バイクを修理に出した：4・5（長らく出せなかったのでスッキリ）

……と、その日の朝から晩までの活動を一つひとつ採点します。

最後に数字を全部足して、項目の数で割って、平均点を出します。

それをできるだけ5に近づけていく。これが大枠です。


全部5点満点なら、きっとあなたはこの本を読んでいませんね。そうでなくても、全部満点の人はなかなかいないと思います。

今は5でないものを5に近づけるには、工夫をすることになります。

それが「スモールステップの努力」にあたります。


1や2のついた項目は、原則カット案件です。つまらない習い事、カチンとくる友人、おいしくない上に感じの悪い店、すべて縁を切るのがベターです。

これは「そうは言っても……」などと思うことなく、気持ちひとつで、あるいは少しの努力でなくせるものなら、本当になくすべきと考えてください。1のものはあなたにとって「やらないほうがいいこと」「やるべきでないこと」だからです。

たとえば、もししばらくつけてみても仕事がずっと1ならば、転職もしくは異動願いを出すか、その立場にいたまま、状況を改善する手立てを考えることになります。

3や4の項目も、より5に近づくようブラッシュアップしましょう。睡眠が2や3なら、枕を替える、寝る直前に長々とスマホを見ない、日中に身体を動かして「きちんと疲れておく」などの対処が考えられますね。

この五段階評価は、毎日必ず書かなくてもOKです。間が空いても、前回と今回の点数を比べれば自分の変化はわかります。面白いな、と思いながらやらないと、末永い習慣にはなりえません。

そして、変化がなくてもあまり気にしないこと。

気にしないまま、嫌なことを減らす・好きなことを増やす工夫を淡々と続けましょう。

「人付き合い改革」で生活改善

五段階評価で1や2のつきやすい項目と言えば、苦痛な人付き合いでしょう。「謎のランチ会」はその典型かもしれません。ママ友や、職場の同年代の女性たちが「一緒にランチに行くことが掟になっている」状態はよくありますね。

そのメンバーにうっかり登録されてしまうと、繊細な人には少々重荷です。

その仲間がいい人たちで、話していて楽しいなら問題はありません。しかしお世辞や自慢、噂話や悪口ばかりの会話なら、苦痛以外の何物でもないでしょう。

繊細な人は、会話に親愛と節度と、そして「意味」を求めます。ですから、ときとして雑談も苦痛になります。

雑談の内容にはたいてい、意味がないからです。発見や発展性のない話は基本的に苦手。文脈がつながっていなかったり、オチがなかったりする話にも違和感を覚えます。

しかし、それを指摘してはいけないと思って我慢するのが繊細な人です。

かたや、我慢できないのが発達障害のある人。アスペルガー症候群の私もそうでした。「それを言うなら○○でしょう」と言葉遣いを訂正したり、「そこからその結論になるのはおかしいと思います」と指摘したり。

「たわいもない話にいちいち難癖つけるなよ！」と非難されては、「え、僕が悪いの？なぜ？　だって今、間違ったことを言ったよね？」とわけがわからなくなっていたものです。今は努力の末、かなり改善されましたが……。

それはさておき。

一緒に居て居心地が悪いなら、その人たちと行動を共にする必要はありません。「今日は都合が悪い」とちょっとした口実を設けてエスケープし、その頻度をだんだん増やしていくことをおすすめします。

「そんなことをしたら、変に思われそう」と不安でしょうか。

たぶん、思われます。しかし、それでいいのです。

周囲から見て「ちょっと付き合いの悪い人」くらいのポジションにいるほうが、繊細で敏感な人には心地良いことも多いはずです。妙な疲れを抱え込まずに済むので、ほかの数字にも好影響です。

「たまになら、一緒にランチに行きたいこともあるんだけど……」

という、それこそグレーなこともありそうですね。「加わるなら加わる、抜けるなら抜ける」が掟になっているグループに、自由に出入りするのは難しそうです。

しかし、決して不可能ではありません。

普段の人間関係を良くしておいて、「特別枠」に入るという手があるのです。

前章に登場した、相手の自己重要感を満たすコミュニケーション（83ページ）が達人レベルに達していたら、皆にとって「一緒に行動するメンバーじゃないけど、私、あの人好きよ」という存在になれます。

そうなれば「ときどき来てくれるゲスト」として厚遇されます。上級編ではありますが、ぜひお試しください。

グッド&ニューを見つけよう

私が以前いたクリニックでは、自閉症のお子さんを持つお母さんの集まりで、毎回ある遊びをしていました。「グッド&ニュー」という遊びで、アメリカの小学校などでも行われているものです。

24時間以内にあった良い事（グッド）、もしくは初めてやったことや体験したこと（ニュー）を1分以内に挙げましょう、というゲームです。

これを一人ずつ言ってもらいます。ごく小さなことでいいので、あれこれ考えずに、パッと言うのがコツです。


「夕焼け空がきれいだった！」

「走ったら電車に間に合った！」

「食洗機、壊れたかと思ったら壊れてなかった！」

「はじめてホヤを食べた！」

「新しいスリッパを買った！」


それぞれが自分のグッド＆ニューを言って、そのつど皆が拍手します。


この遊びを始めたのは、明るい気持ちになってほしかったからです。

お母さんたちの話題はどうしても深刻になりがちで、「会合＝暗い気分になる場所」というイメージが形成されていました。

楽しいことを話すゲームを始めたら、そのイメージは逆転。「ここに来ると楽しい」

と思ってもらえるようになりました。そのうち、お母さんたちになぜか本当にラッキーなことが起こりやすくなったのには、こちらまで驚きました。

「グッド」や「ニュー」を探せば、物事の良い面に目が向きます。実は「自分がすでにラッキーであること」に気づき、それを喜べるようになります。

一人でもできるので、ぜひやってみましょう。グッドかニューを1つ挙げて、自分で拍手。少し大げさに喜ぶくらいがちょうどよいでしょう。

あえて時間を短く、「20秒以内」などに設定するのもおすすめです。

ストレスを抱えている日は良いことがあっても気づきにくくなりますが、そんなときもタイムプレッシャーをかけると、思い出しやすくなります。

逆に、落ち着いてゆっくりと振り返りたい人なら、日記形式で書き出すのもいいですね。記録しておくと、あとで見返して「そうそう、あれは嬉しかった」と、喜びを繰り返し味わえます。

また、「ニュー」の視点は生活に変化を促します。ニューがすぐに出せるよう、積極的に新しい体験をしようとする気持ちも湧いてきます。

「同僚と、用事以外のおしゃべりをしてみよう」

「市販のルーを使わずにカレーを作ってみよう」

など、新しいチャレンジに目が向くのです。

タイマーで集中力をコントロール

「ハッピーの五段階評価」や「グッド&ニュー」をしてみると、自分自身の気分の「ムラ」に気づくことも多いと思います。

五段階評価を見直して、「ここで頑張りすぎたから、そのあと疲れて動けなくなったんだな」という風に、前の項目が後の項目に与える影響を発見することもあるでしょう。

集中力の配分が不得手で、没頭しすぎたり燃え尽きたりしてしまうのは、発達障害の子供や大人によく見られる現象です。

繊細で細かいことに気が回る（ときには気になりすぎる）ＨＳＰ気質の方々にとっても、あまり器用にコントロールできないポイントではないでしょうか。

集中したあとの疲労には、主に2つの原因があります。

1つは、長く続けすぎたせい。没頭しているうち引き際を逸して、脳がスタミナ切れを起こすのです。

もう一つは「楽しさ不足」。その仕事を終える瞬間に達成感を味わっていれば、「ドーパミン」というホルモンが出て、疲れが消し飛びます。**疲れが残るのは、そこまでスッキリできるほどの喜びが足りなかったということです。**

そこで効果的なのが、「タイムリミット作戦」です。

タイマーで時間を区切り、何分以内にここまで、と決めて行う方法です。

私自身は20分に設定しますが、脳のスタミナには個人差があります。10分や15分など、いく通りか試して、感覚的にフィットする時間を見つけましょう。


「この時間以内に、書類を1枚書き上げる」という風に決めると、残り2分ごろにはタイマーとの競争。数秒前に書き終えたら「やった〜！」となります。

ドーパミンが出て気分爽快。すぐに次に移れます。


このとき、私は休憩をはさみません。

「いったん集中したところに休憩をはさむと、今度は戻れなくなる」という人は多いですね。だから休まず続けてしまって疲れるわけですが、この方式なら大丈夫。リミットごとに、ドーパミン補給ができているからです。

ちなみにこの方法は、ＡＤＨＤの子供向けの集中力コントロール練習をアレンジしたものです。子供たちの集中がもつ時間はあまりに短いので、タイムリミットは5分のこともあります。

時間を区切るだけでなく、課題も分割します。宿題が1枚のプリントなら、5分で終わる量ごとに、紙を短冊のようにカット。本当にハサミで切ってしまいます。

そして5分ごとに「できたね、はい次」「またできた、はい次」。

宿題のわんこそばです。ちょっと楽しいです。

このときは、そのつどタイマーをセットする手間を省くため、5分刻みでピッ、ピッ、と鳴る専用のタイマーを使っています。

休憩をはさみたくない方にはこの方式が向いていますが、スマホのタイマーでそのつど入力し、「数秒間の休憩」を取るのも良いことです。自分に合ったスパンと方式で、チャレンジしてみましょう。

「始めるのが苦手」を解決する方法

タイムリミット作戦は、仕事のエンジンがかからないときにも効果があります。

朝一番にパソコンを立ち上げ、メールの返信をしようとして、初っ端から「詰まる」ことがありませんか？


「ああ、この方は気難しいから失礼のない文面で……あとにしよう」

「この人は大事な人だから丁寧に言葉を選びたい……あとにしよう」

「この依頼引き受けたい！　でもスケジュールが厳しい……あとで考えよう」


こんなことを言っている自分を見つけたら、

「**ごちゃごちゃ言ってないで10分以内に返信！**」

と大号令をかけましょう。

とはいえ正直なところ、10分で終わらせるのは難しいと思います。繊細な人は、簡単な返信にも心を込めようとするからです。

ビジネス本ではよく、「メールは一通1分以内で次々に返すべし」といったノウハウが書かれていますが、離れ業もいいところだと思いませんか？

マナー本によくある「お礼状はすぐ出す」という掟も苦手かもしれません。テンプレート通りにパパッと書いて投函するのは、感謝を伝えるという趣旨と矛盾するのでは……などと考えてしまうからです。

それはともかく、私が言いたいのは、「10分以内に返信を終えられなくても、始めただけで大成功」だということです。

ここでのタイムリミット作戦の目的は、時間内に間に合わせることではなく、「とりかかる」という最初の難関を突破することです。

とりかかってしまうと、気持ちに弾みがつきます。

これは、ドイツの心理学者クレペリンが提唱した「作業興奮」という現象です。

おっくうな仕事でも、いったん手をつけてしまうと、ドーパミンが分泌されてやる気が出てくるのです。

◆難しい調べものや勉強をするなら、まず資料を机の上に置く。
◆企画のアイデアが湧かないなら、「企画書」というタイトルだけ書いてみる。
◆夕飯のメニューに困ったら、何も決めずにレシピサイトを開いてみる。

という風に、小さく始めればいいのです。

これにタイムリミット作戦を組み合わせれば、最初の一歩へと自分を押し出すことができます。

143

それでもどうしてもとりかかれない、というときは、とりかかりの最初の10分にやる仕事を「単純作業」にしましょう。

机の整頓をする、裏紙を4つに裂いてメモ用紙をつくる、冷蔵庫の中を簡単に整理する、など。単純作業でまず身体を動かすことで、仕事に向かうエンジンがスムーズにかかります。

こうして色々試しながら、自分ならではの「点火法」を見つけましょう。毎度うまくいく点火法が見つかればしめたもの。それをルーティンにしてしまいましょう。

「無心」で脳を休ませよう

あなたには、夢中になれる趣味がありますか？

私が今夢中なのは、ギターの練習です。基礎練習ではなく、友人とスタジオで行うセッション。私はほぼ初心者ですが、友人はプロ。僕をリードして、素晴らしい演奏に導いてくれます。

バイクで疾走するときも夢中になれます。若いころ、サーキットレースをしていたこともありました。毎回、走ったあとは頭がスッキリ冴えます。

「私、大きい音とかスピードとか、一番苦手なんですが……」

という声が聞こえてきそうですね。

もちろんギターやバイクである必要はまったくありません。何か夢中になれることを見つけ、それにいそしむ時間を持とう、とおすすめしたいのです。

ＨＳＰタイプの方々は芸術に親しむ心があるので、陶芸や絵画とは相性が良いでしょう。編み物や刺繍、イラスト描きなどの手作業もいいと思います。

「手先が不器用だからできません」という方は「大人の塗り絵」がおすすめ。ひたすら塗っていると無心になれます。何かしら身体の動作を伴うものをすすめます。

このとき、身体や頭は活動しつつ、同時に休んでもいます。

かつて脳波の研究で、将棋や剣道の達人の方の脳を調べたときにわかったのは、脳の活動の「一極集中」でした。

盛んに活動しているのは、脳の一点だけ。ほかの領域はすべて休んでいたのです。禅僧やヨガの行者が瞑想に入ったときも、同じ状態になると言われています。

「夢中」にも同じことが起こります。好きなことに没頭しながら、脳のほとんどはリラックス状態。

だから疲れることもなく、疲れたとしても爽快な疲れです。その日はぐっすり眠れて、翌日も爽やかに目覚められるでしょう。

掃除嫌いのＨＳＰはきれい好き!?

時間を忘れて夢中になれることがあるかと思えば、やりたくないけれどやらざるを得ないこともありますね。たとえば掃除。得意なら問題はありませんが、世の中、そんな人ばかりではありません。


繊細な人、敏感な人の中には、意外と掃除が苦手な人がいます。

しかも困ったことに、そういう方は「きれい好きなのに掃除が苦手」です。


正確に言えば、きれいな状態が好きだからこそ、掃除が苦手なのです。

なぜなら掃除とは、汚いところに手を伸ばして汚れを除去する作業だからです。

換気扇のベタベタ、排水口のぬめり、ホコリだらけのエアコンのフィルター……すべて苦手分野なので、掃除が苦行になるのです。

しかも、汚れた部屋を見ると自己肯定感が下がり、やる気はダウンします。

が、掃除をしないと健康にも影響がありますし、本当はきれいな部屋で暮らしたいという希望があるなら、気持ちも晴れやかにはなりません。

私も、診察室のエアコンのフィルターをきれいにしてもらったら、それまで悩んでいた鼻詰まりと身体の倦怠感がピタリと止まって驚いたことがあります。

それまでいかに悪い環境だったかがわかるというものです。

掃除が苦手なら、業者さんに頼んできれいにしてもらう手だってあります。お金の負担はありますが、それで心身が健やかになるなら試す価値ありです。

「いやいや、家の中を見られるなんて恥ずかしい」ですか？

繊細な人は、前章にも登場した「エクスポージャー不安（曝露不安）」が人一倍強いので、無理もないところですが……

これを機に、その不安も一掃してみませんか？　なぜならエクスポージャー不安が高じると、3つの困った現象が起こるからです。

「あまのじゃく反応」にはワケがある

エクスポージャー不安が強いと起こる困った現象の1つ目は、理解力の低下です。学校の授業を受けていて、普通に理解できていることでも、突然指されると頭が真っ白になって答えられない、などが典型例です。

2つ目は、身体の感覚の異常です。鳥肌が立ったり、人によっては腕の感覚が鈍くなったりします。

3つ目はあまのじゃく反応。男の子が好きな子にひどい態度をとってしまう、あの現象がまさにエクスポージャー不安です。

大人にもしょっちゅうあります。道に迷っているのに人に道を聞けないのも、気持ちの面で掃除をプロに頼めないのも、人に意見を聞かれてやけに極端なことを言ってしまうのも、あまのじゃく反応です。

以上を踏まえて、この不安を取り除きましょう。

掃除なら、掃除ができない理由と人に頼めない理由をもう一度確認。理由がわかると、ひとまず安心するものです。自分が掃除が苦手なのはだらしないわけでも何でもないとわかったら、自分を責めるのはストップ。ダメ出しの水道栓をキュッと閉めましょう。

次いで、「他人への期待」をストップします。「どう思われたっていいじゃない」と思えば、不安は止まります。そもそも相手はプロなのですから、恥ずかしいと思う必要はないと考えます。

「そんなの無理です！」という声が聞こえてきそうですね。

無理なら無理でOKです。

今日できる範囲内の、スモールステップの努力をしましょう。

「ハウスクリーニング」と入力し、検索ボタンを押す。これで任務完了。出てきた検索結果は開かなくても構いません。無理に進めなくていいのです。

明日のスモールステップは、「検索結果の一番上を開く」。

「グッド&ニュー」の「ニュー」が、こうして毎日更新されていきます。

繊細で敏感でも成功できる

スモールステップは、小さな成功体験の繰り返しです。

成功体験は、自分に厳しすぎるHSPの方々の人生に、決定的に不足していたものです。自分の「できないこと」を大きく受け止めてきた心に、小さな達成感を注入していくと、物の感じ方が確実に変わります。

強められるのは、自信だけではありません。
勇気やチャレンジ精神が、培われていくのです。
そのとき、将来の可能性が大きく開けます。

これまで、責任ある立場への昇進や就任を打診されて、断ってしまった……といった経験はありませんか？
「あなたを見込んで」と言われて、逆にプレッシャーを感じて逃げ出してしまったことはないでしょうか？

成功体験を積んでいると、この「引っ込み思案グセ」に変化が出てきます。

「そんなことできないに決まってる！」ではなく、「できるかも？」「とにかくやってみようかな？」になるのです。

自信のないころなら、無謀なチャレンジだと思えたでしょう。

しかし自信がつけば、無謀ではないことがわかります。オファーが来るということは、「この人ならできそう」と思われたから。できそうだ、と思われたのにも理由があるのだ、と納得できるのです。

ところで、成功している人の共通項は何だと思いますか？

それは、成功体験が多いということです。

それはもともとの才能ではなく（才能があっても成功しない人は無数にいます）、毎日努力して、小さい成功を積む中で「きっとできる！」という意識を培ったがゆえの成功体験。だからビッグチャンスがやってきたとき、それをつかめたのです。

たとえば、50年近くにわたって第一線で活躍している郷ひろみさん。郷さんは60代半ばにして20代さながらのスタイルと体力の持ち主で、筋トレをすると気持ちが落ち着くというほどの健康体で今も圧巻のパフォーマンスをされます。一体どうしたらそんなことが可能なのでしょうか。


以前、郷さんのスマホの待ち受け画面が話題になったことがあります。

そこには「30」という文字が書かれていたそうです。

それはなんと、「一口30回噛む」ことを、彼が自分に課していたからなのだとか。

その話を聞いて、「これぞスモールステップだ」と思いました。

小さなことを毎日きちんと行って、日々何かを達成する。その繰り返しの結果が、あの輝かしいキャリアなのではないでしょうか。

「第二領域」を意識すれば人生が豊かになる

「私は別に、華やかな大成功を望んではいないのですが……」

そう思われた方も多いでしょう。その気持ちはよくわかります。

では、「充実」と言い換えたらどうでしょうか。

毎日、意味のあることをしていると感じられる人生。心が芯から歓《よろこ》びを感じることに携われて、自分らしくいられる人生。

それは社会的成功よりも、さらに幸福度の高い人生だと思いませんか？

ここまで読んでくださった方々はそろそろ、そんな幸せの実現を検討すべきときに来ています。

これまでに登場した習慣を総合すると、それが可能になるのです。

◆「TODOリスト」（32ページ）→優先順位の把握が上手になる
◆人の自己重要感を満たす（83ページ）→人間関係が良くなる
◆自分に期待しない（112ページ）→自分を好きになる
◆「ハッピーの五段階評価」（126ページ）→幸福感が上がる
◆スモールステップで努力する（39ページ）→自己肯定感と勇気が培われる

そしてもう一つ、習慣化していただきたいのが「第二領域を意識する」です。

第二領域とは何か。すでにご存じの方もいらっしゃると思います。
ビジネスの世界ではよく、「緊急度・重要度マトリクス」で仕事を整理せよ、「第二領域を意識せよ」と言われます。

これは仕事だけではなく、より充実した人生を送るためにも大いにヒントになる考え方です。

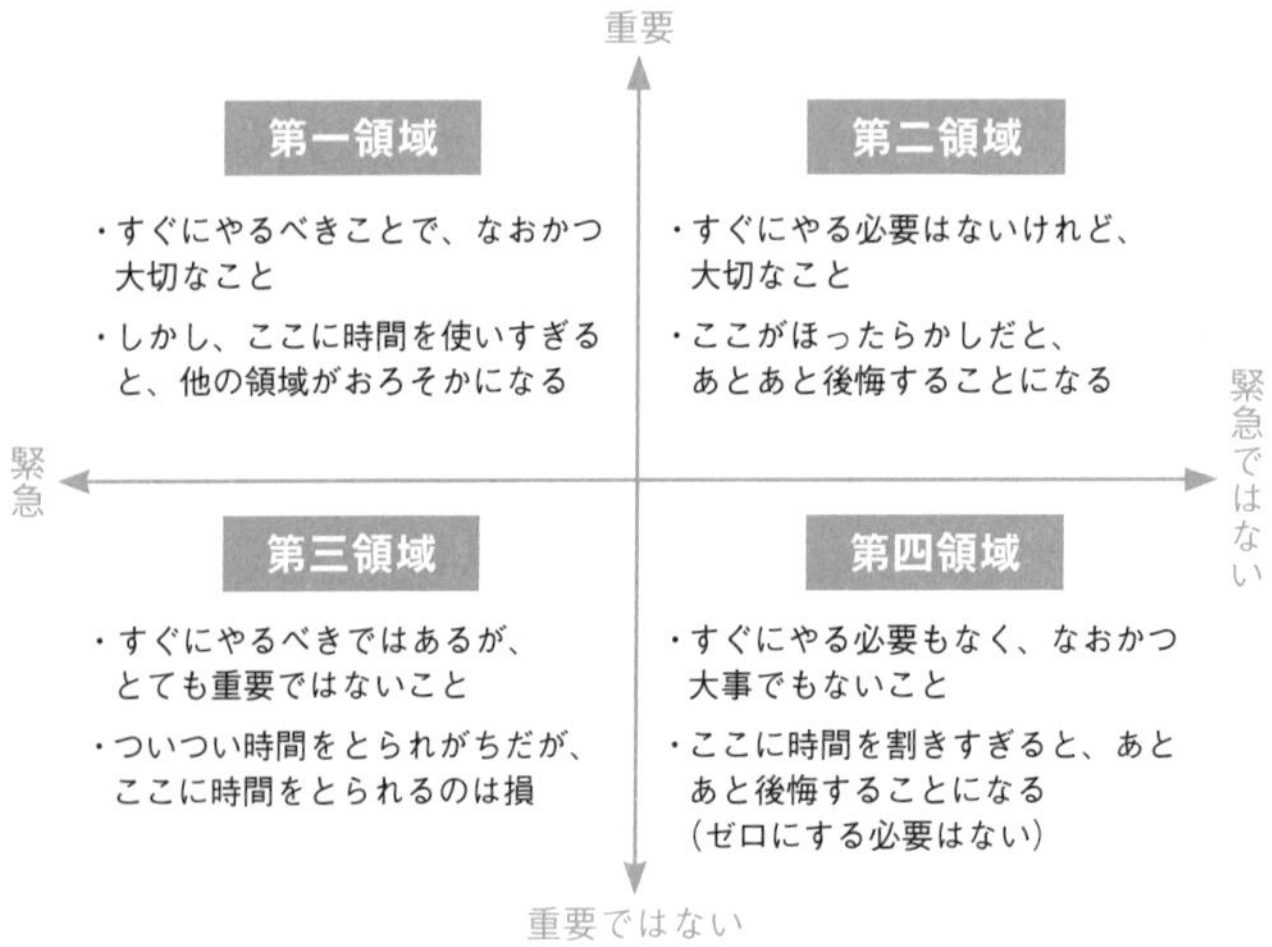
重要
第一領域
・すぐにやるべきことで、なおかつ大切なこと
・しかし、ここに時間を使いすぎると、他の領域がおろそかになる
第二領域
・すぐにやる必要はないけれど、大切なこと
・ここがほったらかしだと、あとあと後悔することになる
緊急
緊急ではない
第三領域
・すぐにやるべきではあるが、とても重要ではないこと
・ついつい時間をとられがちだが、ここに時間をとられるのは損
第四領域
・すぐにやる必要もなく、なおかつ大事でもないこと
・ここに時間を割きすぎると、あとあと後悔することになる（ゼロにする必要はない）
重要ではない

緊急で重要な第一領域は、誰でも最優先で行います。緊急で重要ではない第三領域は、時間に追われながら仕方なくやります。

第一と第三に疲れたら、もう何もしたくなくなって、ダラダラとテレビを見たりゲームをしたりと、第四領域で過ごすでしょう。これも人の常です。

しかし、これまで出てきた習慣を実践し、その効果が出始めてくれれば、疲れも溜まらず、時間の余裕も得られます。

そのときに、「緊急ではないけれど重要なこと」に光が当たります。

この第二領域が、幸福な人生の鍵を握っているのです。

「学習・健康・人とのつながり」がキーワード

これまでの習慣を実践すると、なぜ第二領域を意識できるのでしょうか。

まず、「TODOリスト」で優先順位をつけるスキルが上がっていれば、仕事をこれまでよりも早く終わらせることができます。

「人の自己重要感を満たす」によって周囲との信頼関係ができていれば、仕事で人に頼ったり、任せたりできます。これにより、また少し時間ができます。

一方、自分自身に対する認識も変わります。

「自分に期待しない」「スモールステップで努力する」を通して、自信がついてきています。

「ハッピーの五段階評価」の習慣で価値観が明確になり、自分がどんなことに喜びや関心を抱くかが明らかになってきています。

ここまで揃ったら、「私が本当に大事にしたいことって、なんだろう？」というテーマが浮き彫りになります。

できた時間にそれを形にしたい、と思うのはごく自然な流れです。

五段階評価の記録がある程度溜まってきたら、時間のあるときに、1日ずつ振り返ってみましょう。

今、第二領域にあたる活動をどれだけしているでしょうか？

手書きで記録しているなら色つきのペンで、スマホやパソコンならマーカーを使って、チェックしてみましょう。

もし色のついた部分が少なければ、意識的に増やしていくことをおすすめします。

「そもそも、どれが第二領域なのか判断できない」
「第二領域って、何をすること？」
という疑問もあるでしょう。確かに、緊急か否かはともかく「重要か否か」を即座に振り分けるのは難しいですね。

第二領域に置く内容は人によって千差万別ですが、結局のところ、3つの柱に分けられると思います。固く考えずに読んでください。

①学習　好奇心の赴くまま、楽しんで何かを学ぶことです。習い事をする、資格にチャレンジする、読書をする、勉強会に出るなど。

②**健康づくり**　適度な運動、健康によい食事もここに入ります。ランニング、ストレッチ、筋トレ、ジム通いなど。

③**人とのつながり**　大切だと思える友人、信頼できる仕事仲間、相談できるメンター、インスピレーションをもたらしてくれる知り合いなどとの交流。

ここに該当する活動が多ければ多いほど、心豊かな生活になります。あなたなら、第二領域に、どんな活動を入れますか？

運動習慣でクヨクヨを一掃する

考えてみても何から始めていいかわからないなら、もっともシンプルな「②健康づくり」に着手するのがおすすめです。

身体を動かしている間、人は過去を振り返って後悔したり、明日のことを不安に思ったりしないものです。

色々と考えすぎてしまう繊細な人には、ランニングの習慣がとても有効だと思います。

……と、こう言うと、繊細な自覚のある人にはたいてい嫌そうな顔をされます。

「苦しいことはしたくない」
「昔からマラソン大会は大嫌いでした」

と、きわめて後ろ向きな答えが返ってきます。

もちろん無理強いするつもりはありませんが、運動の楽しさと効用を知らぬままでいるなんてもったいない、とも思います。

苦しいのが嫌なら、歩くことから始めてみてはどうでしょう？　10分間歩いて、徐々に速足に。さらにスピードアップして、走り出してみる。疲れたらまた歩いて、また速足に……。この調子でだんだん、走る時間を増やしていけば、苦しさを極力抑えながら、徐々に慣れます。

ちなみに、苦しくないペースでしばらく走り続けると、いわゆる「ランナーズハイ」という快感が訪れます。これは、βエンドルフィンという脳内物質が分泌されることで起こります。一度体験すると、少し世界が変わります。ごく自然に「また走りたい」と思うようになります。

「そのためにジムに行ったり、家の近所を走ったりするのはイヤ」なら、ルームランナーでも同じ体験はできます。これなら、おしゃれなウェアも不要です。

これまで知らなかった世界に踏み出してみませんか？

「第二領域×五段階評価」でメンテナンス

運動以外の2項目も見ていきましょう。

「③人とのつながり」に関しては、「自分らしく」を第一にしましょう。気の向かない異業種交流会やパーティの類いに出る必要はありません。あの集まりは、繊細な方には相当な苦痛だと思います。私も非常に苦手です。

心から会いたいと思う人に会い、気の進まない誘いは口実を作って断ることを続けていれば、自然に良い仲間に恵まれます。

「①学習」は、「五段階評価（126ページ）」の記録をこまめに振り返ることが自然なきっかけになります。

「この3を、4にできないだろうか」と活動のブラッシュアップを図るとき、工夫のための学びが必要になるからです。

私もそうです。診療が毎日3なら、よりよい治療ができるよう、新たな知識を求めます。結果、第二領域の活動が1つ増えるわけです。

新しい学びを始めたら、それも五段階で採点しましょう。

英会話のレッスンを始めても、毎回2・5や3ばかりなら、再検討が必要のサイン。**第二領域は本来楽しいものなので、苦しい＝合っていないということ。**別の教室、別の方法を探すのが得策です。

このように、「五段階評価」の中から「第二領域」を見つけて作り出し、「第二領域」を「五段階」で採点する――2つのツールを対置して互いにフィードバックさせ、生活をより充実させていきましょう。

第二領域がない生活は、責任とプレッシャーに追われているか、疲れてゴロゴロしているか、のどちらかです。

繊細な人は、人一倍追われるような気持ちになりやすく、人一倍疲れやすい性質を持っています。だからこそ、無防備なままでいると、すぐに第一・第三・第四領域に占領されてしまいます。

習慣を活かして、第二領域の幅を確保しましょう。第二領域の多い人生は幸福で、ストレスフリー。感じやすい心のまま、心の底から歓びを感じられる生活を——自分らしく生きられる毎日を、手に入れてください。

第4章

あなたの繊細さを活かす習慣

「周りと違う」は長所になる

感じやすい心のままで、ストレスなく充実した人生を送るにはどうするかを、ここまで語ってきました。

ここからは、繊細な心が「プラス」に働く可能性についてお話しします。

大前提として、あなた自身がその繊細さを肯定することが必要です。

私は、私の個性を肯定的に捉えています。

たとえば、前にも述べた、少々潔癖なところ。手を人よりもこまめに洗うし、デスク周りやパソコンのキーボードもしょっちゅう拭きます。なのに、部屋の掃除はけっこうおろそか。変と言えば変ですね。しかし、それが私なのです。

布団が重くないと寝られない、という習性もあります。子供のころ、冬に使う重たい綿布団が大好きでした。逆に、夏に使うタオルケットは軽すぎて、眠れたものではありません。母が出したタオルケットをしまって冬布団に替え、それに気づいた母がまたタオルケットに替え……いたちごっこを繰り返していました。

母にはよく「おかしい」と言われましたが、私はこれでいいと思っています。これくらいの偏りやこだわりは、ユニークさという意味で、プラス要素と言ってもいいくらいです。

繊細さも同じです。人が気にしないことを気にするのは個性ですし、本書で紹介した習慣を身に付けてその気がかりを払拭できれば、そのつど快適になれるのも楽しいものです。チャレンジと工夫次第で、まだまだ人生が開けるワクワク感もあります。

人と感じ方が違ってわかりあえない、と悩む人も多いですが、それも「人に発見をもたらせる」という長所です。

私もときどき、人と違う価値観を自分の中に見ることがあります。たとえば、私はタワーマンションの良さがわかりません。「夜景がきれいといったって、電気がついてるだけでしょ？」と思うのです。これを友人に言うと「え～」「そりゃそうだけど……」と言われますが、その反応の中には、自分とは違う何かを楽しむ様子が見られます。

人は、「当たり前」ではない何かに触れると、楽しく感じるのです。
人とは違うあなたの感じ方も、きっと「言われてみれば！」や「面白い！」をもたらすでしょう。

ですから、「普通の人」と同じになろうとは思わないでください。
人と違っていることは、プラスへと役立てられます。
人との違いを活用して、大きな事を成し遂げる人もいます。

成功者にしてもほぼ例外なく、どこかマジョリティとは異なる部分を持っています。ビル・ゲイツは高校時代から起業初期まで、マクドナルド以外食べなかったとか（これは繊細さとは逆ベクトルの個性と言えそうですが……）。

スティーブ・ジョブズがずっと黒のタートルネックにデニムを身に着けていたことも有名です。何を着るか考えたり悩んだりする時間をなくすための工夫です。さらにセーターはお気に入りのイッセイ ミヤケのものと決まっており、完全に自分のユニフォームとしていました。

そんな風に個性やこだわりを見ていくと、自分と違う人、人と違う自分が、少し楽しく思えてきませんか？

あなたが今、一番時間を費やしていることは何ですか？

繰り返し述べてきた通り、ＨＳＰの人は感性が豊かです。美術や文学の素晴らしさや自然の美しさを感じ取り、深くその世界に入り込みます。

「これは美しい、これは美しくない」「これは好き、これは苦手」と、素早く、深く感じ取れるのは素晴らしい美点です。

しかしときどき、この感性を「こじらせている」人もいます。

人に合わせようと長年頑張ってしまった結果、自分でも何が好きなのか、何がしたいのか、わからなくなっている人です。

「多数派の気持ち」ばかり考えて、自分本来の価値観が底に埋もれているのです。

この状態が厄介なのは、目標が立てづらくなることです。

前章でお話しした「スモールステップの努力」や、「第二領域を広げる」などの習慣は、目標を持つことで、大きな実りをもたらします。

何をしたいかわからないとなると、第二領域を作っても迷ってばかり。

それなら目の前の義務を果たしたほうがいい……と第一・第三領域へ舞い戻ったり、無為に第四領域で過ごしたりしてしまいます。

そんな人が目標を見つけるには、何が必要でしょうか。

「一番楽しいと感じることは何？」という問いかけはこのタイプの人には響きませんから、代わりにこう自問してみましょう。

「一番、時間を使っていることは何？」

好きなことをしている時間は、自然と長くなるものです。無意識のうちに、時間をかけていることがあれば、それが自分の感性に合ったことです。

手帳や日記を開いて、過去1か月の自分の活動を分析してみましょう。「ハッピーの五段階評価」の記録も、大いに役立ちます。

まず、仕事以外の時間をチェック。趣味的なことをしていれば、それは明らかに「好きなこと」です。しかしこのタイプの人は趣味がないことも多々あります。

その場合は「どんな本を読んだか」が手がかりになります。心に残ったドラマ、関心を引かれた報道やドキュメント、五段階で点数を高くつけた映画などもピックアップしましょう。それらのどこに心惹かれたのかを掘り下げていくと、自分の興味の所在が見えてきます。

仕事の中にも、「好き」の手がかりはあります。さまざまな業務がある中で、一番時間をかけたものは何かチェックしましょう。

ただし、イヤイヤやっていて時間がかかった、という類いのものは除外。「もう出していいレベルだったけれど、時間をかけてもう一歩磨き上げた企画づくり」のような仕事を探し出せたら理想的。

なぜそう思ったのか、何を追求したのかを、自分で考えてみましょう。

その中に、あなたの「〜したい」が埋まっています。

心の焦点を内向きから外向きに変える

繊細な人の多くは内向的です。一見内向的でない人も、自分の内部へと入り込む、内向きの視線を強く持っています。

その理由はやはり、人一倍感じやすいから。圧倒されたり、動揺したり、痛みを感じたりするからです。感動やショックやダメージを受ける機会が多ければ、必然的にそれを受けた「自分」、つまり内側に意識が向きます。

すると、毎日が大変になります。

痛い、辛い、疲れた、私はダメだ、などなど。

実際は全然ダメでないことは、ここまで何度も話したので繰り返しません。

さらに一歩踏み込んで、強くお伝えしたいことがあります。

内向きで自分を見ている間はわからないパワーが、あなたにはあります。

心の焦点を内向きにすると、そのパワーは半減します。

それを外側に向けると、自分でも信じられないほどのパワーが発揮されます。

外側に向けるとは、「他者のために」という視点を持つということです。


あるお母さんが、子供が車の下敷きになったとき、車をエイッと持ち上げて子供を助けた、という実話があります。心の焦点を子供に向けたとき、「車を持ち上げるなんて無理」という常識が吹き飛んだのです。


私にも似た経験があります。それは、キリマンジャロに登ったときのこと。

このときは、二人一組の「バディ」を組んでいました。私のバディは経験が浅く、身体づくりや装備も少々心もとない状態でした。

私は体力も経験も十分だったので、自分が登頂できる自信はありました。ですから第一目標は、彼をサポートして頂上に連れていくことでした。

ところが標高4000mに達したとき、現地のリーダーが、何人かを指名して「君たちはこの先は無理だから戻りなさい」と言ったのです。私のバディも、そのうちの1人でした。

私はそこからの2000m近くを、バディなしで登ったのですが……

それまで楽々登れていたのに、突然苦しくなったのです。頂上にはなんとか到達できたものの、バディがいなくなると自分に焦点が向き、苦しくなりました。

焦点が内向きになると人は弱くなり、外向きにすると強くなる。この法則を、あなたも活かしましょう。

HSPの方々はもともと、他者を思いやる心を持っています。今は「内向き」のせいで半減していますが、とてつもなく大きな力を秘めているということです。

持ち前の思いやりをささやかな気遣いにとどめず、「他者のために何ができる？」という大きな視野で捉えてみましょう。家族、会社、地元、社会——あなたが役に立てることは何か、考えてみてください。

環境を整えてさらにパワーアップ

人のために、と言っても、自分をおろそかにして他者に尽くすようなことは、してはいけません。

内向きの視点も、もちろんキープすべきです。**ただしそれは、自分を責めるためではなく、自分を「もてなす」ことに使うのが正解。**

「もてなす」とは、生活の中のストレス要素をこまめに取り除き、快適な要素を増やすということです。

ストレスが減ればそれだけ、隠れた能力が発揮されやすくなります。

日用品の中で、ストレスになっているものはありませんか？

◆香料の強すぎる石鹸や洗剤
◆通気性の悪いシャツ
◆詰まりやすいスプレー
◆チクチクするニット

……我慢しながら使っていませんか？

◆切れ味がいまひとつの包丁
◆机に対して低すぎる椅子
◆少しサイズの小さい靴
◆小銭が出しづらい財布
◆音の大きすぎる掃除機

……「買い替えるのももったいないから」と使い続けていませんか？

それらはあなたの五感に、毎日負担をかけています。スッパリお別れし、あなたに合うものに替えて、ストレスを減らしましょう。

一方、快適な要素を増やすときは「ハッピーの五段階評価」の記録をフル活用しましょう。「4・5」や「5」のついたものは、ルーティン化するのが一番です。

私はその方式で、朝の時間のルーティンを組んでいます。

4時に起きてランニング、そして読書。7時に入浴。フィルター付きのシャワー、ジェットバス、水素発生機まで備え付け、ここぞとばかりに気合を入れたお気に入りの空間をつくり、そこで電子書籍を使って読書をします。

入浴後は、タングスクレーパー（舌磨き）と電動歯ブラシで口中をサッパリさせます。仕上げにアーユルヴェーダの「ガンドゥーシャ」というオイルうがいをします。

そして、ダイソンのドライヤーで髪を乾かせば完璧です。

最高の環境で過ごせる朝は、私にとって至福の時間であり、一日のスタートをよくするものです。だからこそ、時間もお金もかけて、自分の理想の時間になるよう整える価値がありました。

あなたにとってもっとも大切な時間を充実させるためには、惜しまず気合を入れましょう。そのためにはまず、日常を採点して、自分にとってどの時間が大切なのかをあぶりだし、認識することです。

嫌なことがあっても「上機嫌」でいる

ストレスを取り除き、快適な要素を増やす工夫を続けながら、並行してトライしてほしいことがあります。　それは、「いつも上機嫌」でいることです。

「いくら何でもそれは無理なのでは」

「嫌なことは、ゼロにはならないし」

と思うでしょう。

そう、人はいいことがあれば上機嫌に、嫌なことがあれば不機嫌になるのが常識ですね。しかしあなたは、そんな常識に満足できますか？

周りの環境で機嫌が上下するのは、言わば「普通の人」です。普通の人と一味違うあなたには、この常識を反転させる力があるに違いないと私は思います。

「嫌なことがあれば不機嫌になる」を反転させて、「不機嫌になるから、うまくいかない」と仮定しましょう。

するとそれに当てはまることがけっこうある、と気づきませんか？

医師として指摘できるのは、不機嫌な人は体調を崩しやすいということ。逆に機嫌が良ければ、セロトニンやドーパミンが出て、心身共に快調に近づきます。

「いいことがあるから上機嫌」ではなく「上機嫌だから人生最高」にスイッチすれば、自分の手で自分を幸せにできます。たとえ嫌なことがあっても、上機嫌でいるのが一番。実際、私はこれを実践するようになり、毎日ハッピーに暮らしています。

上機嫌な人は、人にも好かれます。

あなたが「感じがいいな」と思う人は例外なく、機嫌にブレがないはず。その人の生活にも、良いことと悪いことの両方が起こっているに違いありませんが、それに一喜一憂せずニコニコしている——とても好感が持てますね。

では、いつも上機嫌でいるにはどうするか。

答えはシンプルです。「いつも上機嫌であると決めてしまう」、これだけです。

「決める」ことのパワーは侮れません。私は「風邪をひかない」と決めてから15年間、風邪をひいていません。決めたら、本当に免疫力が強くなったようです。

ただし、決めたら「確信」することが必須。

「あなたは人間ですか?」「はい」と答えるくらいの確信を持って、「あなたはいつも上機嫌?」「はい」と言えるくらいでなくてはいけません。

「なんだか、途方もない話……」と思ったら、焦らず急がず、いつものようにスモールステップの努力をしましょう。

人に期待しないこと、自分に期待しないこと。こまめにストレスを減らして、快適さを増やすこと。それでもストレスがやってきたら……試してみてください。

「ちょっと上機嫌になってみようかな?」と。

そう思ったらなんとなく乗り越えられるストレスも、必ずあります。

雨が鬱陶《うっとう》しい日や出前で頼んだ食事が冷めていたときなど、ちょっとしたストレスなら「ちょっと上機嫌になってみようかな?」であっさり飛ばせるようになります。

あふれる情報と、どう向き合う?

現代は情報過多社会です。テレビにもネットにも情報があふれていて、欲しくもないのに飛び込んできます。

しかも、そのほとんどがネガティブな話。事件やスキャンダルや政争や戦争など暗い話題は多く、感じやすい人にはかなりのダメージです。

ですから、余計な情報はできるだけ入れないようにしましょう。

見たい番組でない限り、テレビはつけないこと。スマホを見るのも「○時から○時まで」と決めてしまいましょう。

それでもつい見てしまうなら、スマホを物理的に遠ざけましょう。寝る前は寝室に

スマホを持ち込まず、リビングに置いてベッドに入るのです。一定時間スマホを見られないようにする、市販の鍵つきのボックスもあります。タイマーをセットしたら、その間は何をやっても開かなくなるしくみです。

見てしまった情報に対する耐性も高めましょう。

まず、いつもの「期待しない」姿勢を、世の中にも適用すること。

世界は期待するほど素敵ではなく、嫌な事件も感染症も国際紛争も存在する場所であることを認めましょう。その中でよりよく生きるにはどうするか、と考えて努力する。一貫しておすすめしてきた、定番のメソッドです。

もう一つ持っておきたい視点は、「情報を出す側の都合」です。

政治家のスキャンダルなら、「このタイミングで出てくるのは、あの話題から目をそらしてほしいから？」という可能性があります。「このワクチンは効かない」という報道には、世界中のライバル会社や、国同士の力関係が影響します。媒体ごとに、仲のいい政党や組織や国があると知っていれば、さらに色々見えます。

敏感な性質の人は、こうした洞察を得意とするはず。「この記事が広く信じられたら、得をするのは誰？」と考えて、振り回されないようにしましょう。

漠然とした不安への向き合い方

「幼稚園のころから、自分は二十歳で死ぬと思ってた」

アスペルガー症候群の、ある患者さんの発言です。

その方はとっくに二十歳は超えているので、そんな心配など必要なかったわけですが、不安というものは理屈抜きにその人を縛るのだな、と感じます。

ＨＳＰの方々も、もしかすると幼いころから、理屈抜きの不安に駆られたのではないでしょうか。二十歳で死ぬとは思わなかったでしょうが、今も、とくに何もないのになぜか不安を感じることがあるかもしれません。

この漠然とした不安には、どう対処すればよいのでしょうか。


まず、不安の定義を明らかにしましょう。不安とは「対象のない恐怖」です。

定義を知れば、対策の方向性が見えます。

「雲をつかむようなものなんだから、しばらく味わうしかないな」など。

さらに一歩進んで、不安になりやすいのはなぜ？　と考えてみましょう。


もう見当がついたかもしれませんね。そう、ストレスで過敏になっているのです。

生理学的に言うと、交感神経が優位な状態です。ならば、副交感神経が優位な状態をできるだけ長くする工夫が、良い対処法になるでしょう。

快適な環境を整える、糖質を摂りすぎない、周りのいざこざは「期待オフ」で気にしない、相手の喜ぶコミュニケーションで人間関係を良好にする、など。

嫌な気分にも価値がある、という考え方も重要です。

たとえばストレスは、「状況を変えないと危ないですよ」という信号。

痛みは「炎症が起こっていますよ」「出血してますよ」という知らせです。

不安も「今のところ正体不明だけど、何か危機が発生しているみたいですよ」という知らせが来ているのです。

そう考えると、「不安を感じやすい自分は危機管理に適した人間だ」と、プラスに評価ができますね。


ところが、不安をよく抱えてクリニックに来られる方などは、しばしば対処を間違えます。「わけもわからず不安なので、抗不安薬をください」が典型例です。

せっかく察知能力が高いのですから、対象不明な不安の正体を探り、「対象のある心配」にするほうが有意義です。

仕事のプレッシャーなのか、健康が損なわれることか、お金のやりくりか。その心配は「絶対に実現しない」などということはありませんが、事前に手を打てば、ほとんどは回避できます。

仕事なら、失敗しないように準備する。健康なら、運動をして食事に気を配る。お金なら、無駄遣いをチェックして貯金を心がける。具体的な行動に落とし込んで、心配ごとを消していきましょう。

危機管理能力はこの時代に強い

繊細で敏感ゆえに不安を感じやすい人の危機管理能力は、今後必ず役立ちます。今は、すべてが先行き不透明な時代。繊細でない人々も、不安を感じています。情報を追いかけたり、あえて無関心であろうとしたり、考えるのに疲れて無為無策に陥ったりするでしょう。

そんな中で、「不安慣れ」している人は、ほかの人より多くが見えています。いち早く危機を察する力が高いので、行き届いた予防策がとれます。

どんな不安も、必ず「課題に置き換える」ことができます。向き合って正体をつかめば、実害が起こる前に準備ができ、自分自身と大切な人を守ることができます。

適切な対策を打つには、正しい知識と、情報を見極める洞察力が必要です。先ほど述べた「情報を見るスキル」を高めておくと、あやふやな情報に右往左往せずに済むでしょう。

洞察力があれば、「いざというとき」のイメージ予測も可能です。たとえば防災グッズの準備では、必要最低限のものだけでなく「心地の良い避難生活」という視点で物を揃えることができます。

実は、避難所生活や難民キャンプで問題になるのは、身体の健康状態よりも精神症状です。パニックを起こしたり眠れなくなったりする人が多数出るため、災害後は精神科で処方される薬へのニーズが急激に上がります。

そんなとき、人にどう寄り添えるか——繊細で、思いやりのある人ならではのアイデアが活きてくるでしょう。

皆に逆境が訪れたとき、繊細な人々の力が求められるのです。

ＨＳＰの人々が向いている職業は？

「ＨＳＰはどんな職業に向いているでしょうか」とよく聞かれます。

これはなかなか答えづらい問いです。「繊細さ」のほかの部分、たとえば学校での得意科目、適性を示す学問分野や職業分野はバラバラだからです。

細やかな感性を数学的思考に活かす人もいれば、歴史の研究に活かす人、芸術に活かす人、子育てに活かす人もいるでしょう。

アスペルガー症候群の人々はそれに比べると、向く向かないが明瞭です。プログラマーやシステムエンジニアなど、IT系の仕事に就く人が多く見られます。現代のコンピューター社会はアスペルガーの人々によるイノベーションがなければ存在しなかった、という説もあります。

発明家にもアスペルガーが多くみられます。エジソンの業績は偉大ですが、そのエキセントリックな性格は周囲を振り回したとも言われています。

HSPの場合、そうした極端さはないでしょうが、ほかの人が考えつかないことに目が行くという点で、やはりアイデアを活かす仕事が向いていると思います。たとえば目先を変えた新しい商品企画、細部にセンスを利かせた空間づくりなどです。

関門もあります。人に気を使って、自分のアイデアを心の中にしまい込んでしまえば、才能は埋もれたままです。

また、「疲れやすさ」にも要注意です。どんな分野でも、職業にできるレベルの知識とスキルを築くには、持続力が必要です。集中力が高くとも、飽き性だったりスタミナ不足だったりしては、レベルアップができません。

前章で紹介した「タイムリミット作戦」（１３８ページ）を習慣化すれば、ひとつのことに疲れずに向き合う力がつきます。語学の勉強、資格試験の準備、教養書の読破など、伸ばしたい知識がある人はぜひ実行しましょう。

仕事は「何をして働くか」より「誰と働くか」

ＨＳＰの方々の「向いている職業」はいちがいには言えませんが、「向いている職場」なら明確に言えます。心の広いリーダーがいて、一人ひとりの個性を大切にする文化ができていること。業務は個人の裁量に任される部分が多く、デッドラインさえ守れば自分のペースで進行できること。

職場の雰囲気が穏やかで温かいこと。同僚と和やかな関係を築くことができ、かつ一人で行動しても奇異な目で見られないこと。

逆に、働いてはいけないのは、同調圧力の強い職場です。飲み会や社員旅行には絶対参加、服装に個性があれば目を付けられる、手柄を立てたら冷たい目で見られる、反対意見を言うと仲間外れにされる、など。ギスギスした雰囲気の職場も危険です。上司はパワハラ三昧、お局様《つぼね》が異常な権限を持っている、いじめがある、犬猿の仲の二人がいる、会議で毎回誰かがつるし上げられる……こんな職場はHSPならずとも逃げ出しますね。

まだ自分の適性や興味の所在が見えていない若い人なら、業種や職種よりも「人」で就職先を決める、という選択は一考の余地ありと言えます。

繊細な人はハードな営業やストレスフルな接客業は向かない、と一般的には思われていますが、そうとも限りません。

相手のニーズを察知する能力が高ければそういった職場でいい仕事ができますし、万一顧客との関係でストレスを抱えても、職場の雰囲気が良ければ、上司や同僚と悩みを分かち合えます。

とはいえもちろん、依存はNG。自分でできることはする、できないことは努力する、この基本姿勢はどこにいても必須です。

その上で抱えきれないことだけ相談し、アドバイスを受け、最後は自分で決める。スキルが発展途上でも、繊細でときにもろい面があっても、そうした自立の精神を持っていれば、人として信頼されます。

こうして職場で良い関係を築くのも、ひとつの大きな成功体験です。

それが自信と安定を生み、そこから自分の「本当にしたいこと」が見えてくるなら、キャリアの行く先は、希望に満ちているでしょう。

巻末コラム

HSPのお悩み相談室

Q―子供への不満、私が悪いの？

うちの子はもう小3なのに、私が食事の用意をしていても手伝おうともしません。「なんでやらないの」と叱ると、夫は「ママはすぐ怒るよね～」と子供の味方をします。自分の気持ちをわかってもらえず、私だけが悪者みたいで、泣きたいです。

A―期待せずに、指示を具体的に

お子さんに期待しすぎているのが問題です。「お手伝いをする子」のイメージは、お母さんの頭の中だけにあるもの。「なんでやらないの」の答えは、今のお子さんの中にはないのです。

「お母さんだけが悪者」だなんてこともありません。自分も含め、誰も責めないこと。ただ、「今、できていない」事実だけをありのままに認めましょう。

期待しなければ、ガッカリもゲンナリもせずに済みます。そして、「どうしたらいいかな?」に目が向きます。

たとえば「お手伝い」。ＨＳＰの人は人のニーズを察するのが得意なぶん、人にもそれを求めがちです。しかし子供はお手伝いの初心者ですから、言わないとわかるはずがないのです。

「お箸を並べてくれる?」「お茶碗を出して」という風に、具体的に、明確に頼みましょう。「自分から手伝ってくれるはず」という期待をストップさせれば、自然に「ありがとう」も増えてきますよ。

Q――会話が「異常に無難」な私って……

人と会話するとき、相手の気に障らないようにとても気をつけます。でも、このあいだふと気づいて愕然としました。友人が「寒いね～」と言えば「寒いね～」、「もう一枚着てくればよかった～」「ね～着てくればよかった～」……私、復唱ｂｏｔみたいになってる！　メールやＳＮＳでも同じです。無難な返答を心がけているうちに、すっかりクセになってしまっていたのですが、このままではやっぱり変でしょうか。

A――気遣いを「一歩先」に進めるのがコツ

変だとは言いませんが、あなた自身が楽しくなさそうなのは気になります。ならば、今後は本音でしゃべる……ことは難しいでしょうから、ここは持ち前の気遣いを活用して、もう一歩先を行きましょう。友達がどんな人物で、どんなことを言われたら嬉しい人なのか、考えて話すのです。

たとえば、友達がそのとき鮮やかな色のニットを着ていたなら「その色いいね〜」と言う。目立つ色を身に着けていたということは、そこがファッションのポイントだからです。相手をちゃんと見て言葉を選ぶと、距離が縮まります。お互いの信頼感が育ったら、気を使わずに本音で話せるような間柄にもなれるでしょう。

Q―LINEの「引きどき」がわかりません

LINEをしていて、いつやめていいかわからなくなります。おしまいのつもりで「おやすみ〜」と送ったら、「また明日ね」と返信が来て、これを既読スルーはダメだろうと思って「元気でね〜」と返し、そしたら「○○ちゃんもね〜」と返ってきて……えーと、これにはどう返そう？　引きどき、難しいです！

A――「曖昧」を受け容れましょう

終われない理由の一つは、嫌われたくないから。嫌わないでほしいという期待をストップさせれば、「おやすみ～」を最後にスッパリ終われます（なお、「また明日ね」に返信しないくらいで怒る人はまずいません）。

そのケース以外でも毎回引き際に悩んでいるなら、「グレーゾーン」への耐性が弱いのかもしれませんね。ラインやメールは、必ず最後にどちらかが「返信しない側」になります。その役を引き受けるときの、一抹のモヤモヤを受け容れられるようになりましょう。それには「優先順位をつける練習」（32ページ）が効果的。曖昧な終わり方でも「小さなこと」と思えるようになります。

また、ずっと返信をしてくるお相手も、あなたと同じ繊細さを持つ人ということも考えられます。同じように「自分が最後まで返事をしないと」と思っているのかもしれません。

似た性格で気が合うのかも、という考え方もできますし、「繊細な相手に最後の返信を譲ってあげる」のもまた、気遣いと言えるでしょう。

Q―緊張を一瞬でゆるめる方法は？

職場にいると、上司の声や同僚のイライラした雰囲気にドキドキしたり、頭が真っ白になったりします。一瞬で緊張がほぐれるワザはありますか？

A―「揺れる刺激」が有効です

身体に別の刺激を入れると、ドキドキやピリピリを抑えることができます。とくに「揺れる刺激」は効果があります。私は神経がちょっと高ぶったと感じたら、貧乏ゆすりでリラックスします。オフィスでもデスクの下でこっそりやれば、さほど目立たないと思います。

上半身を揺らすのもいい方法。頭を振ったり、腰から上を振り子のように左右に傾けたりすると、視界も揺れるので、視覚刺激で気がまぎれます。誰もいない場所でなら存分に振れますし、自分のデスクでも、ゆっくり動けば傍目にはわかりません。

Q――心の中で感情を持て余してしまいます

おとなしいと思われていますが、本当はかなり感情的なタイプです。人の前で感情を表に出すことが得意ではなく、泣きたいのか怒りたいのか、笑いたいのか叫びたいのか、自分でもよくわからないので顔には出しません。出せないぶん、抱え込んでしまって……とても疲れます。

A――感情に名前をつけましょう

自閉症の子供への「感情レッスン」の応用版が有効だと思います。

自閉症の子は感情コントロールが苦手。コンビニに行って買いたいものがないと、ワーッとなってしまうことがあります。そんなとき、「それは、『残念』って言うんだよね」と感情の名前を教えると、パニックが抑えられるのです。嬉しそうなときに「それは『嬉しい』だよ」と教えたりもします。

これをアレンジしてみましょう。わけのわからない感情が押し寄せてきたら、「悔しい」「落胆」「苛立ち」など、思いつくままに感情の名前を書いて、それがどれくらいの配分で混ざっているか、考えてみてください。

「悔しい80、落胆20」なら、なぜ悔しいのか、何に対して落胆しているのか、と掘り下げてみましょう。心の中が、かなり整理されるのではないでしょうか。

周りに信頼できる人がいたら、その気持ちを伝えることにもトライしましょう。

「悔しかったのね」と感情を共有してもらえたら、きっと心が軽くなります。

おわりに

本書を最後までお読みくださり、ありがとうございました。

精神科医として、HSPの方、あるいは「自分の生活のストレスの一部は、どうやら、人よりも繊細だったり、敏感だったりすることに原因があるようだ」と感じている方向けに、お役に立てる対策を厳選してご紹介してきたつもりです。

1つでも2つでも、これは試しにやってみようかな、と思ってくださる習慣があったのなら、これほど嬉しいことはありません。

気に入った習慣を、一つずつ、じっくり身に付けていきましょう。

必ずラクになります。


小さなことが気になる私たちですが、毎度のお悩みも案外、簡単な心がけや習慣づけで軽減できることを知っていただきたいというのが、私が本書を執筆した理由でもありました。繰り返し述べてきた通り、どんな性質も「改善は可能」なのです。

いつも悩んでいることがひょっとしたら簡単に軽減できるかもしれない、そんなコツを最後にもう一つお伝えしましょう。

人と話すとき、相手の表情や感情が気になって、どうしても緊張してしまう。緊張しながら話した結果、後で振り返って「なんだか意味のないことや、相手の気に入らないことを言ってしまったかも……」と後悔しがちな方のための習慣です。

緊張する会話は「話す量を10分の1」にすればいい。

これだけです。10分の1は極端だと思ったかもしれませんが、それでいいのです。

「聞き手に回ろう」という程度の意識では、なかなか変化は起こりません。

ところが、「話す量を10分の1にしよう」と意識すれば、最初に試してみた時点で、話す量は少なくとも半分に減ります。

話す量は10分の1でいい——こう心がけて、習慣化できれば、自然と聞き上手にもなります。無理に話す必要がないので、あなたの「相手の表情や感情に気がつく」長所が活かされ、相手にとって心地よい相槌や質問、返答も自然と磨かれていきます。

もちろん、本などで聞き上手になるコツをリサーチすれば、鬼に金棒です。

そうなればいつの間にか、他の人よりも「あなたに聞いてほしい」と思われる人になることでしょう。仕事でもプライベートでも、強みになります。

繊細で敏感で細かいことが気になる性質は、美点でもあるのです。

なくすべき性質でもなければ、仕方なく付き合っていくべき性質でもありません。

あなたの邪魔をする繊細さだけを改善し、あなたの長所である繊細さは自分のため、人のために活かしていく。

この本がその助けになることを願って、締めくくらせていただきます。

西脇俊二

西脇俊二（にしわき・しゅんじ）
精神科医。ハタイクリニック院長。弘前大学医学部卒業。1991年～1996年、国立国際医療センター 精神科。1992年～2007年、国立精神・神経センター精神保健研究所 研究員。1996年～2007年、国立秩父学園 医務課医長。2007年～2008年、大石記念病院（足立区）。2008年～2018年、皆藤病院（宇都宮）。2009年よりハタイクリニック院長。2008年より金沢大学 薬学部 非常勤講師、2010年よりEuropean University Viadrina 非常勤講師も務める。自身もアスペルガーであり、その苦労を乗り越えた経験を生かした著作も多い。テレビ出演のほか、ドラマ『僕の歩く道』『相棒』『グッド・ドクター』、映画『ATARU』等の医療監修でも活躍。

繊細《せんさい》な人《ひと》が快適《かいてき》に暮《く》らすための習慣《しゅうかん》
医者《いしゃ》が教《おし》えるHSP対策《たいさく》

2020年 9 月17日　初版発行
2024年 4 月25日　4 版発行

著者／西脇《にしわき》 俊二《しゅんじ》

発行者／山下 直久

発行／株式会社KADOKAWA
〒102-8177　東京都千代田区富士見2-13-3
電話　0570-002-301（ナビダイヤル）

印刷／大日本印刷株式会社

DTP／有限会社エヴリ・シンク

ISBN 978-4-04-604931-5　C0030